Walter Fischer · Dominique Monéger

D1723083

Französischer
Wortschatz in Sachgruppen

Max Hueber Verlag

3. 2. 1. | Die letzten Ziffern
2000 1999 98 97 96 | bezeichnen Zahl und Jahr des Druckes.
Alle Drucke dieser Auflage können, da unverändert,
nebeneinander benutzt werden.
1. Auflage
© 1996 Max Hueber Verlag, D-85737 Ismaning
Umschlaggestaltung: Werbeagentur Braun & Voigt, Heidelberg
Verlagsredaktion: Micheline Funke
Satz: Gabriele Stelbrink, Kinsau
Druck: Ludwig Auer GmbH, Donauwörth
Printed in Germany
ISBN 3–19–003230–0

„Französischer Wortschatz in Sachgruppen" umfaßt ca.12.000 Einträge zu 15 Themenbereichen und 71 Sachgruppen.

Das klar und übersichtlich gegliederte Werk ist ein lernerfreundliches Hilfsmittel, um die wichtigsten Begriffe des französischen Grund- und Aufbauwortschatzes zu erarbeiten, zu vertiefen oder zu wiederholen.

Für die Auswahl der Einträge waren der zeitgemäße Sprachgebrauch und die Wortfrequenz maßgebend. Neologismen sind dabei ebenso berücksichtigt wie wichtige Begriffe aus den Bereichen Wirtschaft und Beruf.

Die alphabetische Gliederung innerhalb einer Sachgruppe ermöglicht eine schnelle Orientierung. Inhaltlich verwandte Wortfelder stehen nebeneinander und bilden dadurch eine wertvolle Gedächtnisstütze.

Das Werk wendet sich unterrichtsbegleitend oder auch lehrbuchunabhängig an Lernende in Schule und Erwachsenenbildung sowie an Selbstlerner.

Abkürzungen und grammatikalische Hinweise in diesem Buch

Abkürzungen:

Genusangabe

m   maskulin

f   feminin

pl   Plural

Sprachregister

F   familier (Umgangssprache)

Grammatikalische Hinweise:

a) Beim Adjektiv wird die unregelmäßig (d.h. die nicht durch Anhängung von e) gebildete Femininform angegeben, z.B. verliebt amoureux, -euse, sowie die maskuline Pluralform der Adjektive auf -al.

b) Beim Substantiv werden die Femininform und die unregelmäßig (d.h. die nicht durch Anhängung von s) gebildete Pluralform angegeben, z.B.

Architekt(in)   architecte m, f   dieses Wort ist maskulin und feminin
Präsident(in)   président(e) m(f)   dieses Wort hat eine Femininform auf -e
Kassierer(in)   caissier m, -ière f   dieses Wort hat eine unregelmäßige Femininform
Richter(in)   (femme f) juge m   das Wort juge hat keine weibliche Form

c) Ist ein Substantiv mit mpl oder fpl angegeben, so wird dieses Wort nur so verwendet.
z.B. Gepäck   bagages mpl

d) Funktion der Interpunktion
z.B. Vertrieb   service des ventes m; distribution f
Das Semikolon signalisiert eine Bedeutungsdifferenzierung, d.h. das Wort Vertrieb ist je nach Kontext mit service des ventes m *(die Abteilung)* oder mit distribution f *(das Vertreiben von Produkten)* zu übersetzen.
z.B. dann   puis, ensuite, alors
Das Komma bedeutet dagegen, daß die Übersetzung synonyme Ausdrücke angibt.

e) Angabe in Klammern
z.B. Forschung   recherche (scientifique) f
Mehrgliedrige Ausdrücke, die der Funktion eines deutschen zusammengesetzten Wortes entsprechen, werden in Klammern angegeben, d.h. Forschung kann sowohl mit recherche allein als auch mit recherche scientifique übersetzt werden.

f) Erklärungen, die auf Zusatzinformationen hinweisen, werden kursiv angegeben:
Ball   balle f; *meist größerer* ballon m
fliegen   voler; *Person* prendre l'avion
Reihenhaus   maison *(dans un lotissement avec murs mitoyens)* f. Diese Angabe signalisiert, daß es hier keine Entsprechung im Französischen gibt.

Inhaltsverzeichnis

Inhaltsverzeichnis

Inhaltsverzeichnis

1.1 Weltraum · L'espace

Antarktis	antarctique m
Äquator	équateur m
arktisch	arctique
Atmosphäre	atmosphère f
atmosphärisch	atmosphérique
Breite	latitude f
Breitengrad	degré de latitude m
Epizentrum	épicentre m
Erdachse	axe terrestre m
Erdanziehung	attraction terrestre f
Erdbeben	tremblement de terre m; séisme m
Erde	terre f
Erdkugel	globe terrestre m
Erdoberfläche	superficie terrestre f
Erdstoß	secousse sismique, tellurique f
Halbinsel	presqu'île f
Halbkugel	hémisphère f
Inselgruppe	archipel m
Insel	île f
kosmisch	cosmique
Kosmos	cosmos m
Längengrad	degré de longitude m
Länge	longitude f
luftleerer Raum	vide m
Materie	matière f
Meridian	méridien m
nördliche Halbkugel	hémisphère nord f
Nordpol	pôle nord m
am Nordpol	au pôle nord
Nullmeridian	méridien zéro m
Polarkreis	cercle polaire m
Polkappe	calotte polaire f
Pol	pôle m
Südpol	pôle sud m
am Südpol	au pôle sud
Raum	espace m
Richter-Skala	échelle de Richter f
Schwerelosigkeit	apesanteur f
schwerelos	en état d'apesanteur
Schwerkraft	gravité f
Stärke	intensité f
südliche Halbkugel	hémisphère sud f
Tropen	tropiques fpl
in den Tropen	sous les tropiques
tropisch	tropical
unendlich	infini
unermeßlich	immense
Welt	monde m
Weltall	univers m
Weltraum	espace cosmique, interstellaire m
Zeitzone	fuseau horaire m

Himmel und Himmelskörper · Le ciel et les astres

anziehen	attirer
Anziehungskraft	force d'attraction f
Astronom	astronome m
Astronomie	astronomie f
Bahn, Umlaufbahn	orbite f
eine Bahn beschreiben	décrire une orbite
Beobachtung	observation f
drehen, sich (um)	tourner (autour)
fern	lointain
Fernrohr	télescope m
Bewegung	mouvement m
Firmament	firmament m
funkeln	étinceler
Galaxie	galaxie f
Glanz	éclat m
glänzen; schimmern	briller
Gravitation	gravitation f
Himmel	ciel m
am Himmel	dans le ciel
Himmel und Hölle in Bewegung setzen	remuer ciel et terre
sternklarer Himmel	ciel étoilé m
unter freiem Himmel	à la belle étoile
Himmelsgewölbe	voûte céleste f
Himmelskörper	astre m
Himmelsraum	sphère céleste f
Himmelsrichtung	point cardinal m
Norden	nord m
im Norden (von)	au nord (de)
von Norden	du nord
nördlich	septentrional, nordique
nördlich von	au nord de
Süden	sud m
im Süden (von)	au sud (de)
von Süden	du sud
südlich	méridional
südlich von	au sud de
Osten	est m
im Osten (von)	à l'est (de)

von Osten	de l'est
östlich	oriental
östlich von	à l'est de
Westen	ouest m
im Westen (von)	à l'ouest (de)
von Westen	de l'ouest
westlich	occidental
westlich von	à l'ouest de
Horizont	horizon m
Komet	comète f
Licht	lumière f
Lichtjahr	année lumière f
Meteor	météore m
Meteorit	météorite f
Milchstraße	Voie lactée f
nah	proche
Planetarium	planétarium m
(un)sichtbar	(in)visible
Satellit, Trabant	satellite m
Spiralnebel	nébuleuse f
Stern	étoile f
Abendstern	étoile du Berger f
Fixstern	étoile fixe f
Polarstern	étoile polaire f
Sternbild	constellation f
Großer Bär, Großer Wagen	Grande Ourse f
Kleiner Bär	Petite Ourse f
Kreuz des Südens	Croix du Sud f
Sternjahr	année sidérale f
Sternschnuppe	étoile filante f
Sternwarte	observatoire m
unzählig	innombrable
weit	lointain
Zenith	zénith m

Sonne — Le soleil

aufgehen	se lever
beleuchten	éclairer
Dunkelheit	obscurité f
Finsternis	ténèbres mpl
Korona	couronne solaire f
Scheibe	disque m
scheinen, glänzen	briller
Sonnenaufgang	lever du soleil m
Sonnenfinsternis	éclipse solaire f
Sonnenstrahl	rayon solaire m
Sonnenuntergang	coucher du soleil m
Sonnenwende	solstice m

Sommersonnenwende	solstice d'été m
Wintersonnenwende	solstice d'hiver m
Sonnen-	solaire
strahlen	rayonner
Strahlung	rayonnement m
Tagundnachtgleiche	équinoxe m
ultraviolett	ultraviolet
untergehen	se coucher
UV-Strahlen	rayons ultraviolets mpl
verfinstern, sich	s'obscurcir

Mond — La lune

abnehmen	décroître
Halo	halo m
Mondfinsternis	éclipse lunaire f
Mondphase	phase de la lune f
Halbmond	demi-lune f
Neumond	nouvelle lune f
Vollmond	pleine lune f
Mondschein	clair de lune m
Mondviertel	quartier de lune m
Sichel	croissant de lune m
zunehmen	croître

Planeten — Les planètes

Planet	planète f
Erde	Terre f
Jupiter	Jupiter
Mars	Mars
Merkur	Mercure
Neptun	Neptune
Pluto	Pluto
Saturn	Saturne
Uranus	Uranus
Venus	Vénus
Planetenbahn	orbite planétaire f

Tierkreiszeichen — Les signes du zodiaque

Astrologe	astrologue m
Astrologie; Sterndeutung	astrologie f
Horoskop	horoscope m
Tierkreiszeichen	signe du zodiaque m
Widder	Bélier m
Stier	Taureau m
Zwillinge	Gémeaux mpl

Krebs	Cancer m
Löwe	Lion m
Jungfrau	Vierge f
Waage	Balance f
Skorpion	Scorpion m
Schütze	Sagittaire m
Steinbock	Capricorne m
Wassermann	Verseau m
Fische	Poissons mpl

1.2 Erde — La terre

abgrenzen	délimiter
Erdboden, Boden	sol m; terre f
Bodenprofil	relief m
Erde	terre f; *Planet* Terre f
Erdteil, Kontinent	continent m
erstrecken, sich	s'étendre
Festland	continent m
Fläche	superficie f
Gebiet	territoire m
Gegend	région f
Gelände	terrain m
grenzen (an)	être à la frontière (de)
Land	pays m; *im Gegensatz zur Stadt* campagne f
auf dem Land wohnen	habiter à la campagne
Landkarte	carte géographique f
liegen	être situé
Maßstab	échelle f
Weite	étendue f

Erdatmosphäre — L'atmosphère terrestre

Hochdruckgebiet	zone de haute pression f
Luft	air m
Luftdruck	pression atmosphérique f
Luftmasse	masse d'air f
Luftschicht	couche d'air f
Stratosphäre	stratosphère f
Tiefdruckgebiet	zone de basse pression f

1.3 Landschaften — Les paysages

Berge, Ebenen und Wälder — Montagnes, plaines et forêts

Abgrund	précipice m; gouffre m
Abhang	pente f
Anhöhe	hauteur f
Aussicht	panorama m; vue f
Aussichtspunkt	point de vue panoramique m
Becken	bassin m
bedecken	couvrir
Berg	montagne f; *mit Eigennamen* mont m
Bergdorf	village de montagne m
bergig	montagneux, -euse
Bergkessel	cirque m
Bergkette	chaîne de montagnes f
Bergspitze	pic m
bilden	former
Buschwald	brousse f
Dschungel	jungle f
Düne	dune f
eben, flach	plat
Ebene	plaine f
einstürzen	s'ébouler; s'effondrer
Engpaß	défilé m; goulet m
Erdrutsch	glissement de terrain m
erheben, sich	s'élever
Fels	roc m, roche f
Felsen	rocher m
felsig	rocheux, -euse
Felsmassiv	massif rocheux m
Felsspalte	crevasse f
Felsvorsprung	piton rocheux m
Felswand	paroi rocheuse f
Flachland	plaine f
Gebirge	montagnes fpl
gebirgig	montagneux, -euse
Gebirgsmassiv, Gebirgsstock	massif montagneux m
Gefälle	déclivité f
Geröll	éboulis m
Gestein	roche f

Gestrüpp	maquis m
Gipfel	sommet m, cime f
Gletscherspalte	crevasse f
Gletscher	glacier m
Grat	arête f
Hang	versant m
Heckenlandschaft	bocage m
Hecke	haie f
Heide	lande f
Hochebene	haut plateau m, pl hauts plateaux
Hochgebirge	haute-montagne f
Hochwald	futaie f
hoch	haut
Wie hoch ist dieser Berg?	Quelle est la hauteur de cette montagne?
Der Montblanc ist 4.087 Meter hoch.	Le Mont Blanc fait 4.087 mètres d'altitude.
Höhe	altitude f
Höhle	grotte f
Hügel	colline f
hügelig	vallonné
kahl	dénudé, désolé
Kamm	crête f
Landschaft	paysage m
Lawine (Schnee)	avalanche f
leer, verlassen	désert
Lichtung	clairière f
malerisch	pittoresque
Mulde	cuvette f
Natur	nature f
niedrig	bas, basse
Oase	oasis f
Paß	col m
Prärie	La Prairie f
Regenwald	forêt équatoriale f
rein, sauber	pur
Ruhe	calme m
ruhig	calme
rutschen, abrutschen	glisser
Savanne	savane f
Schlucht, Klamm	gorge f; ravin m
Schönheit	beauté f
schön	beau, bel, belle, mpl beaux
Senke	dépression de terrain f
senkrecht	à la verticale
sichtbar	visible

Spitze	pic m; pointe f
spitz	pointu
Stalagmit	stalagmite f
Stalaktit	stalactite f
stehen	se dresser
steil	escarpé; abrupt
Stein	pierre f
steinig	rocailleux, -euse
Steinschlag	chute de pierres f
Steppe	steppe f
still, leise	silencieux, -ieuse
Stille	silence m
Talsohle	fonds de la vallée m
Tal	vallée f
Tiefebene	basse plaine f
Tundra	toundra f
über Berg und Tal	par monts et par vaux
überragen	surplomber
Umgebung	environs mpl
Unterholz	sous-bois m
Urwald	forêt vierge f
Vorgebirge, Ausläufer	contreforts mpl
Wald	forêt f
Wiese	pré m; prairie f
Wüste	désert m

Vulkane — Les volcans

aktiv	en activité
Asche	cendre f
ausbrechen	entrer en éruption
erloschen	éteint
erstarren	se solidifier
Krater	cratère m
Lava	lave f
Lavastrom	coulée de lave f
Magma	magma m
speien	cracher
Vulkan	volcan m
Vulkanausbruch	éruption volcanique f

Flüsse, Seen und Moore — Fleuves, lacs et marécages

abschwellen	baisser
anschwellen	grossir
Bach	ruisseau m, pl ruisseaux
Wildbach	torrent m
breit	large
entspringen	prendre sa source

fließen	couler	**Meer, See**	**La mer**
Fluß	rivière f; *Strom* fleuve m	Alge	algue f
Nebenfluß	affluent m	auf hoher See	en haute mer
Der Fluß ist über die Ufer getreten.	Le fleuve est en crue.	bewegt	agité
		Binnenmeer	mer intérieure f
fluß-, stromabwärts	en aval	branden (gegen)	déferler (contre)
fluß-, stromaufwärts	en amont	Brandung	ressac m
Flußarm	bras de rivière m	brechen, sich (an)	se briser (contre)
Flußbecken	bassin fluvial m	Bucht	baie f
Flußbett	lit du fleuve m	Deich	digue f
Flußlauf	cours du fleuve m	Ebbe	marée descendante f; marée basse f
Oberlauf	cours supérieur m		
Unterlauf	cours inférieur m	Eisberg	iceberg m
fortreißen, mit sich	entraîner	Felsen	rocher m
Gewässer	eaux fpl	Felsenküste	côte rocheuse f
Grundwasser	nappe phréatique f	Felswand	falaise f
hervorquellen	jaillir de	Fjord	fjord m
Hochwasser	crue f	Flut	marée montante f; marée haute f
Kanal	canal m		
klar	clair	Flutwelle	raz de marée m
Quelle	source f	Gezeiten	marée f
Quellwasser	eau de source f	Golf	golfe m
Moor	marais m	der Golf von Biskaya	le golfe de Gascogne
münden (in)	se jeter (dans)	Kap	cap m
Mündung	embouchure f	Klippe	écueil m; rocher m
Schlamm	boue f	kräuseln	moutonner
schlängeln	serpenter	Küste	côte f
Schleife	méandre m	Küstengebiet	région côtière f
schmal	étroit	Küstenstreifen	littoral m
See (der)	lac m	Lagune	lagune f
Staudamm, Wehr	barrage m	Landenge	isthme m
Strom	fleuve m	Landzunge	langue de terre f
Stromschnelle	rapide m	Meerenge	détroit m
Strömung	courant m	Meeresarm	bras de mer m
Sumpf	marécage m	Meeresgrund, Meeresboden	fonds sous-marins mpl
sumpfig	marécageux, -euse		
Teich, Weiher	étang m	Meer	mer f
trockenlegen	assécher	am Meer	au bord de la mer
trüb	trouble	Meeresspiegel	niveau de la mer m
überschwemmen	inonder	Ozean	océan m
Überschwemmung	inondation f	ozeanisch	océanique
Ufer	rive f	ruhig	calme
Wasser	eau	Salzwasser	eau salée f
Süßwasser	eau douce f	Sand	sable m
Wasserfall	cascade f	Sandbank	banc de sable m
zusammenfließen	confluer	Sandstrand	plage de sable f
Zusammenfluß	confluent m	schäumen	écumer
		See (die)	mer f
		seicht	peu profond

Strand	plage f
stürmisch	démonté
Tiefsee	abysse m
tief	profond
Tiefe	profondeur f
tosend, tobend	déchaîné
über dem Meeres-spiegel	au-dessus du niveau de la mer
überfluten	inonder
Ufer	rive f
Uferpromenade	front de mer m
Welle	vague f
Wellenkamm	crête de la vague f
Wellental	creux de la vague m
zerklüftet	déchiqueté
zurückfluten	refluer

1.4 Wetter und Wetterkunde — Le temps et la météorologie

Wetter — La météo

angenehm	agréable
anhalten, andauern	durer, persister
aufheitern, sich	s'éclaircir, se dégager
Aufheiterung	éclaircie f
auflösen, sich	se dissiper
Barometer	baromètre m
bedeckt	couvert
bewölken, sich	se couvrir
Es bewölkt sich.	Le ciel se couvre.
bewölkt	nuageux, -euse
Blitz	éclair m
blitzen	faire des éclairs
Es blitzt.	Il y a, il fait des éclairs.
Blitzschlag	foudre f
Donner	tonnerre m
Der Donner grollt.	Le tonnerre gronde.
Dunst	brume f
dunstig, diesig	brumeux, -euse
Eis	glace f
Eiszapfen	glaçon m
frieren, erfrieren, zufrieren	geler
Es friert.	Il gèle.
Sie ist erfroren.	Elle est morte de froid.

Der See ist zuge-froren.	Le lac est gelé.
Frost	gelée f
Gewitter	orage m
Ein Gewitter zieht auf.	Un orage va bientôt éclater.
Es wird ein Gewitter geben.	Il va faire de l'orage.
gewittrig	orageux, -euse
glatt	glissant; verglacé
Glatteis	verglas m
Glatteisgefahr!	Attention au verglas!
Hagel	grêle f
Hagelkorn	grêlon m
hageln	grêler
Es hagelt.	Il grêle, il tombe de la grêle.
heftig	violent
heiter	clair; serein
Hoch	anticyclone m
klar	clair
Der Himmel ist ganz klar.	Le ciel est complète-ment dégagé.
naß	mouillé
Nebel	brouillard m
dichter Nebel	brouillard épais
neblig	brumeux, -euse
Es ist neblig.	Il fait du brouillard.
Niederschläge	précipitations fpl
nieseln	bruiner
Regen	pluie f
Dauerregen	pluie continue f
Sprühregen	bruine f; crachin m
regnen	pleuvoir
Es regnet in Strömen.	Il pleut à verse.
regnerisch	pluvieux, -ieuse
Regenbogen	arc-en-ciel m f
Reif, Rauhreif	givre m
Schauer, Wolken-bruch	averse f
Aprilschauer	giboulée f
scheinen	briller
schmelzen	fondre
Schnee	neige f
ewiger Schnee	neiges éternelles fpl
Pulverschnee	neige poudreuse f
schneebedeckt	couvert de neige
Schneedecke	couche de neige f
Schneefall	chute de neige f
Schneeflocke	flocon de neige m

Schneeregen	neige fondue f
Schneeschmelze	fonte des neiges f
Schneesturm	tempête de neige f
schneien	neiger
Es schneit.	Il neige.
Sonne	soleil m
in der prallen Sonne	en plein soleil
Die Sonne sticht.	Le soleil tape; Ça tape.
Sonnenstrahl	rayon de soleil m
sonnig	ensoleillé
Es ist sonnig.	Il fait du soleil.
stechen	être brûlant; F taper
Tau	rosée f
tauen	dégeler
Es taut.	Ça dégèle.
Tauwetter	dégel m
Tief	dépression f
tröpfeln	tomber des gouttes
Es tröpfelt.	Il tombe des gouttes.
Tropfen	goutte f
trüb	gris
unbeständig	incertain
unfreundlich	maussade
Unwetter	tempête f; intempéries fpl
veränderlich	variable
verschneit	enneigé
vorhersagen	prévoir
Wetter	temps m
Es ist schlechtes Wetter.	Il fait mauvais (temps).
Es ist schönes Wetter.	Il fait beau (temps).
Das Wetter ist besser geworden.	Il fait meilleur.
Das Wetter ist umgeschlagen.	Le temps a brusquement changé.
Wetterbericht	bulletin météorologique m; météo f
Wetterkunde	météorologie f
Wetterlage	conditions météorologiques fpl
Wettervorhersage	prévisions météorologiques fpl
Wetterwechsel	changement de temps m
Wolke	nuage f
wunderschön	superbe

Klima — Le climat

feucht	humide
Feuchtigkeit	humidité f
gemäßigt	tempéré
(un)gesund	(mal)sain
Klima	climat m
Gebirgsklima	climat de montagne m
Kontinentalklima	climat continental m
Mikroklima	microclimat m
Mittelmeerklima	climat méditerranéen m
Seeklima	climat maritime m
klimatisch	climatique
Klimaveränderung	changement de climat m
kontinental	continental
mild	doux
rauh	rude
trocken	sec, sèche
Trockenheit	sécheresse f
tropisch	tropical

Wind — Le vent

abnehmen	tomber
aufkommen	se lever
Es kommt Wind auf.	Le vent se lève.
blasen	souffler
Blizzard	blizzard m
Böe	rafale f
Brise	brise f
drehen	tourner
legen, sich	se calmer; tomber
leicht	léger
Luft	air m
Lufthauch	souffle d'air m
Luftstrom	courant d'air m
Mistral	mistral m
Monsun	mousson f
Nordwind	bise f
Orkan	ouragan m
Passatwinde	alizés mpl
pfeifen	siffler
stark	fort
Sturm	tempête f
Der Sturm wütet.	La tempête fait rage.
Tornado	tornade f
verwüsten	dévaster
Wind	vent m

Windhose	trombe f
windig	venteux, -euse
Es ist windig.	Il fait du vent.
Windgeschwindigkeit	vitesse du vent f
Windrichtung	direction du vent f
Windstille	calme m
Windstoß	bourrasque f
Wirbel	tourbillon m
wirbeln	tourbillonner
Wirbelsturm	cyclone m
ziehen	passer

Temperatur — La température

drückend	étouffant
Dürre	sécheresse f
eisig	glacial
Grad	degré m
Es sind 35 Grad im Schatten.	Il fait 30 degrés à l'ombre.
heiß	très chaud
Hitze	forte chaleur f
Hitzewelle	vague de chaleur f
hoch	haut
Hundstage	canicule f
kalt	froid
Es ist kalt.	Il fait froid.
Kälte	froid m
Kältewelle	vague de froid f
kühl	frais, fraîche
Kühle	fraîcheur f
mild	tiède
niedrig	bas, basse
Schatten	ombre f
schwül	lourd
Schwüle	chaleur lourde f
scharf	vif, vive
sinken	baisser
steigen	monter, être en hausse
steigende Temperatur	température en hausse
streng	rigoureux, -euse
Temperatur	température f
Durchschnitts- temperatur	température moyenne f
Temperatur über Null	température au-dessus de zéro f
Temperatur unter Null	température en-dessous de zéro f
Temperaturanstieg	hausse de tempéra-ture f
Temperaturrückgang	baisse de tempéra-ture f
Thermometer	thermomètre m
warm	chaud
Es ist warm.	Il fait chaud.
Wärme	chaleur f

1.5 Umwelt und Umweltschutz — L'environnement et la protection de l'environnement

Gleichgewicht	équilibre m
Das natürliche Gleichgewicht ist gefährdet.	L'équilibre naturel est en danger.
Grünen, die	Les Verts mpl
Lebensqualität	qualité de la vie f
Natur	nature f
Naturschutz	protection de la nature f
Naturschutzgebiet	réserve naturelle f
Naturschutzverein	association pour la défense de la nature f
Ökologie	écologie f
ökologisch	écologique
schützen (vor)	protéger (de)
die Natur schützen	protéger la nature
Umwelt	environnement m
die Umwelt schädigen	porter atteinte à l'environnement
Umweltbelastung	nuisance f
Umweltbewußtsein	conscience des problèmes écologiques f
umweltfreundlich	qui respecte l'environnement; écologique
Umweltschäden	dégradation de l'environnement f
umweltschädlich; umweltbelastend	nuisible à l'environnement, polluant
Umweltschutz	protection de l'environnement f
Umweltschutzbe-wegung	mouvement écologiste m

Umweltschützer(in)	écologiste m, f
Umweltverschmutzer	pollueur m
Umweltver-schmutzung	pollution f
Umweltschutzpolitik	politique de protection de l'environnement f
zerstören	détruire
Zerstörung	destruction f

Umweltzerstörung, Umweltschutz-maßnahmen

Dégradation de l'environnement, mesures de protection

abbauen	décomposer
biologisch abbaubar	biodégradable
Abfall	déchets mpl
Abholzung	déboisement m
Abgase	gaz d'échappe-ment mpl
ablagern, sich	se déposer
ablassen, ableiten	déverser; vider; évacuer
Die Fabrik läßt schädliche Stoffe in den Fluß ab.	L'usine déverse des substances toxiques dans le fleuve.
absterben	mourir
Der Wald stirbt.	La forêt meurt.
Abwässer	eaux usées fpl
Abwasserklärung	épuration des eaux usées f
Altöl	huiles usées fpl
Aufbereitung	traitement m
Abfallaufbereitung	traitement des déchets m
Aufbereitung von Atommüll	traitement des dé-chets nucléaires m
aufhalten	freiner; arrêter
Aussterben	disparition f
aussterben	être en voie de disparition
Diese Vogelart stirbt aus.	Cette espèce d'oiseau est en voie de disparition.
bedrohen, gefährden	menacer
ausstoßen	rejeter; émettre
beseitigen	éliminer
Beseitigung	élimination f
bewahren (vor)	préserver (de)

biologisch	biologique
biologischer Anbau	culture biologique f
Bioprodukt	produit biologique m
bleifrei	sans plomb
Chemikalien	produits chimi-ques mpl
Container	conteneur m
Glascontainer	conteneur pour verres usagés m
Papiercontainer	conteneur pour papiers usagés m
Dünger	engrais m
Kunstdünger	engrais chimique m
Emission	émission f
Die Kohlendioxid-Emissionen sind umweltschädlich.	Les émissions de dioxyde de carbone nuisent à l'environ-nement.
Energie	énergie f
umweltfreundliche Energien	énergies douces fpl
Sonnenenergie	énergie solaire f
Windenergie	énergie éolienne f
Energiesparen	économie d'énergie f
Energieverbrauch	consommation d'énergie f
Erderwärmung	réchauffement de la planète m
FCKW (Fluorchlor-kohlenwasserstoff)	CFC (chlorofluoro-carbone) m(pl)
Filter	filtre m
Flurbereinigung	remembrement m
Gas	gaz m
giftig	toxique
Giftstoff	substance toxique f
Grenzwert	valeur limite f
Grundwasser	nappe phréatique f
Katalysator	pot catalytique m
Kläranlage	station d'épuration f
Klimaveränderung	changement climatique m
Kompost	compost m
Müll	ordures fpl; déchets mpl
Atommüll	déchets radio-actifs mpl
Hausmüll	ordures ména-gères fpl
Industriemüll	déchets indus-triels mpl

Sondermüll	déchets toxiques mpl
Mülldeponie	décharge f
Müllbeseitigung	élimination des ordures f
Mülltrennung	tri des ordures m
Müllverbrennung	incinération des ordures f
Müllverbrennungs-anlage	usine d'incinération d'ordures f
Ökosystem	écosystème m
Ölpest	marée noire f
Ozonloch	trou d'ozone m
Ozonschicht	couche d'ozone f
Pestizid	pesticide m
retten (vor)	sauver (de)
roden	défricher
saurer Regen	pluies acides fpl
Schaden	dégât m; dégradation f
Treibhauseffekt	effet de serre m
Umweltpapier	papier recyclé m
verbrennen	brûler, incinérer
Verbrennung	incinération f
Verpackung	emballage m
Einwegflasche	bouteille non consignée f
Mehrwegflasche	bouteille consignée
verstrahlen	contaminer
Verstrahlung	contamination f
Verschmutzung	pollution f
Luftverschmutzung	pollution de l'air f
Wasserverschmut-zung	pollution de l'eau f
verhindern	empêcher
verursachen	provoquer, causer
verschandeln	dégrader
(un)vorhersehbar	(im)prévisible
Waldsterben	dépérissement des forêts m
wiederaufforsten	reboiser
Wiederaufforstung	reforestation f
wiederverwertbar	recyclable
wiederverwerten	récupérer; recycler
Wiederverwertung	récupération f; recyclage m
Wiederverwertungs-anlage	usine de retraitement de déchets f
Nuklearwiederver-wertungsanlage	usine de retraitement de déchets nucléaires f
Windrad	éolienne f

1.6 Naturstoffe — Les richesses naturelles

Bodenschätze	ressources du sous-sol fpl
dehnbar	expansible
(un)durchlässig	(im)perméable
Erdgas	gaz naturel m
fest	solide
flüssig	liquide
Gas	gaz m
gasförmig	gazeux, -euse
Kohlenoxyd	oxyde de carbone m
Körper	corps m
löslich	soluble
Materie	matière f
Naturstoff	richesse naturelle f
organische Substanzen	subtances d'origine oragnique fpl
Ozon	ozone m
Rohstoff	matière première f
Sauerstoff	oxygène m
Stickstoff	azote m
Wasserstoff	hydrogène m

Edelsteine und Halbedelsteine — Pierres précieuses et semi-précieuses

Amethyst	améthyste f
Diamant	diamant m
durchsichtig	transparent
Edelstein	pierre précieuse f
Halbedelstein	pierre semi-précieuse f
funkeln	étinceler
glänzen	briller
Granat	grenat m
Jade	jade f
klar	limpide
Opal	opale f
porös	poreux, -euse
Rubin	rubis m
Saphir	saphir m
Smaragd	émeraude f
Topas	topaze f
Türkis	turquoise f
undurchsichtig	opaque

Metalle, Nichtmetalle und Legierungen / Métaux, non-métaux et alliages

Metalle, Nichtmetalle und Legierungen	Métaux, non-métaux et alliages
Aluminium	aluminium m
Amalgam	amalgame m
Blei	plomb m
Brom	brome m
Bronze	bronze m
Chlor	chlore m
Chrom	chrome m
dehnbar	ductile
Edelmetall	métal précieux m
Eisen	fer m
eisenhaltig	ferreux, -euse; ferrugineux, -euse
Gold	or m
Jod	iode m
Kalium	potassium m
Kalzium	calcium m
Kohlenstoff	carbone m
Kupfer	cuivre m
Legierung	alliage m
Mangan	manganèse m
Messing	laiton m
Metall	métal m, pl métaux
metallhaltig	métallifère
metallisch	métallique
Nichtmetall	non-métal m; métalloïde m
Nickel	nickel m
Phosphat	phosphate m
Phosphor	phosphore m
Platin	platine m
Plutonium	plutonium m
Quecksilber	mercure m
Schwefel	soufre m
Silber	argent m
Stahl	acier m
Uran	uranium m
vergoldet	doré
Zink	zinc m
Zinn	étain m

Mineralien / Les minéraux

Mineralien	Les minéraux
Mineral	minéral m, pl minéraux
Asbest	amiante m
Basalt	basalte
Granit	granit m
Kalkstein	calcaire m
Kreide	craie f
Kristall	cristal m
Marmor	marbre m
Quarz	quartz m
Sandstein	grès m
Ton	argile m
Schiefer	ardoise f

Rohstoffe pflanzlichen und tierischen Ursprungs / Matières d'origine végétale et animale

Rohstoffe pflanzlichen und tierischen Ursprungs	Matières d'origine végétale et animale
Amber	ambre m
Baumwolle	coton m
Daunen	duvet m
Elfenbein	ivoire m
Holz	bois m
Horn	corne f
Kautschuk	caoutchouc m
Kork	liège m
Leder	cuir m
Pelz	fourrure f
Weide	osier m
Wolle	laine f

2.1 Tierwelt / Le monde animal

Art	espèce f
bedrohte Tierart	espèce en voie de disparition f
geschützte Tierart	espèce protégée f
fressen	manger
Allesfresser	omnivore m
Fleischfresser	carnivore m
Insektenfresser	insectivore m
Pflanzenfresser	herbivore m
füttern	donner à manger
Herde	troupeau m, pl troupeaux
Insekt	insecte m
Junge (das)	petit m
Klasse	classe f
Kreuzung	croisement m
Männchen	mâle m
Rasse	race f
Tier	animal m, pl animaux; bête f
Haustiere	animaux domestiques mpl
Kriechtiere	reptiles mpl
Nagetiere	rongeurs mpl
Raubtiere	carnassiers mpl
Säugetiere	mammifères mpl
Schalentiere	crustacés mpl
Weichtiere	mollusques mpl
Wildtiere	animaux sauvages mpl
Wirbeltiere	vertébrés mpl
Zuchttiere	animaux d'élevage mpl
Tierwelt	monde animal m
überwintern	hiverner
Überwinterung	hivernage m
Vieh	bétail m
Vierbeiner	quadrupède m
Wassertiere	animaux aquatiques mpl
Weibchen	femelle f
wiederkäuen	ruminer
Wiederkäuer	ruminant m
Wild	gibier m
wild	sauvage
zahm, gezähmt	apprivoisé

Haus- und Zuchttiere / Animaux domestiques et d'élevage

Ente	canard m; *weiblich* cane f
Esel(in)	âne m, ânesse f
Ferkel	porcelet m
Fohlen	poulain m
Gans	oie f
Gänserich	jars m
Geflügel	volaille f
Hahn, Henne	coq m, poule f
Hammel	mouton m
Hamster	hamster m
Hengst	étalon m
Huhn	poule f
Hühnchen	poulet m
Hund, Hündin	chien m, chienne f
bissiger Hund!	chien méchant!
Bernhardiner	Saint-Bernard m
Dackel	basset m
Mischling	bâtard m
Pudel	caniche m
Jagdhund	chien de chasse m
Wachhund	chien de garde m
Schäferhund	chien de berger m
Kalb	veau m, pl veaux
Kaninchen	lapin m
Kater	chat m
Katze	chat m, *weiblich* chatte f
Küken	poussin m
Kuh	vache f
Lamm	agneau m, pl agneaux
Maulesel	mulet m
Meerschweinchen	cochon d'Inde m
Ochse	bœuf m
Perlhuhn	pintade f
Pferd	cheval m, pl chevaux
Pfote	patte f
Pony	poney m
Pute	dinde f
Rind	bovin m
Sau	truie f
Schaf	mouton m, *weiblich* brebis f
Schwein	cochon m
Stier	taureau m, pl taureaux
Stute	jument f

Taube	pigeon m
Truthahn	dindon m
Vollblut	cheval pur sang m
Widder	bélier m
Zicklein	chevreau m, pl chevreaux
Ziegenbock	bouc m
Ziege	chèvre f
Zugpferd	cheval de trait m
ausschlagen	ruer
ausschlüpfen	éclore
beißen	mordre
bellen	aboyer
blöken, meckern	bêler
brüllen	braire
brüten	couver
Euter	pis m
Fell	poil m
gackern	caqueter
galoppieren	galoper
Gebell	aboiement m
glucken	glousser
grunzen	grogner
gurren	roucouler
hoppeln	sauter
Horn	corne f
Hühnerstall	poulailler m
Hundehütte	niche f
Kaninchenstall	clapier m
knurren	gronder
krähen	chanter
Kralle	griffe f
kratzen	griffer
lecken	lécher
legen (Eier)	pondre
Leine	laisse f
Hunde sind an der Leine zu führen.	Tenir les chiens en laisse.
Mähne	crinière f
Maul	gueule f
melken	traire
miauen	miauler
muhen	beugler
nagen	ronger
Pfote	patte f
picken	picorer
Schafstall	bergerie f
Schnauze	museau m, pl museaux

schnurren	ronronner
Schwanz, Schweif	queue f
Schweinestall	porcherie f
Stall	*Pferdestall* écurie f; *Kuhstall* étable f
traben	trotter
wedeln, mit dem Schwanz	remuer la queue
wiehern	hennir
Zügel	bride f

Wildlebende Tiere — **Animaux vivant en liberté**

Affe	singe m
Antilope	antilope f
Bär(in)	ours(e) m(f)
Eisbär	ours polaire m
Biber	castor m
Bison	bison m
Büffel	buffle m
Dromedar	dromadaire m
Eichhörnchen	écureuil m
Elch	élan m
Elefant	éléphant m
Elefantenbulle	éléphant mâle m
Elefantenkuh	éléphante f
Fischotter	loutre f
Fledermaus	chauve-souris f
Fuchs	renard m
Gazelle	gazelle f
Gemse	chamois m
Giraffe	girafe f
Hase	lièvre m
Gorilla	gorille m
Hirsch	cerf m
Hirschkuh	biche f
Hyäne	hyène f
Igel	hérisson m
Jaguar	jaguar m
Kamel	chameau m, pl chameaux, *weiblich* chamelle f
Leopard	léopard m
Löwe, Löwin	lion m, lionne f
Marder	martre f
Maulwurf	taupe f
Maus	souris f
Murmeltier	marmotte f
Nashorn	rhinocéros m

Nilpferd	hippopotame m
Nerz	vison m
Panther	panthère f
Puma	puma m
Ratte	rat m
Reh	chevreuil m
Rehkalb	faon m
Schakal	chacal m
Tiger(in)	tigre m, tigresse f
Wiesel	belette f
Wildschwein	sanglier m
Wolf, Wölfin	loup m, louve f
Zebra	zèbre m
Bau	terrier m
brüllen	rugir
brummen	grogner
Fell	poil m; *Pelztiere* fourrure f
Gebrüll	rugissement m
gefräßig	vorace
Geweih	ramure f, bois mpl
heulen	hurler
Höcker	bosse f
Höhle	repaire m
lauern	guetter
Mähne	crinière f
Rachen	gueule f
röhren	bramer
Rüssel	trompe f
Schlupfloch	tanière f
springen	bondir
Stoßzahn	défense f
stürzen (auf)	se précipiter (sur)
Tatze	patte f
trompeten	barrir
Winterschlaf halten	hiberner

Wassertiere — Animaux aquatiques

Aal	anguille f
Barsch	perche f
Delphin	dauphin m
Fisch	poisson m
Flußkrebs	écrevisse f
Forelle	truite f
Garnele	crevette f
Goldbrasse	daurade f
Goldfisch	poisson rouge m
Haifisch	requin m

Hecht	brochet m
Hering	hareng m
Hummer	homard m
Kabeljau	cabillaud m; morue f
Karpfen	carpe f
Krabbe	crevette f
Krebs	crabe m
Lachs	saumon m
Lachsforelle	truite saumonnée f
Languste	langouste f
Makrele	maquereau m, pl maquereaux
Robbe, Seehund	phoque m
Rochen	raie f
Rötling	rouget m
Sardelle	anchois m
Sardine	sardine f
Scholle	limande f
Seehecht	merlu m
Seelöwe	otarie f
Seezunge	sole f
Steinbutt	turbot m
Stockfisch	morue f
Thunfisch	thon m
Wal	baleine f
Walroß	morse m
Zander	sandre m
Flosse	nageoire f
Gräte	arête f
Kieme	ouïe f; branchie f
Meeresfisch	poisson de mer m
Panzer	carapace f
Schalentiere	crustacés mpl
Schere	pince f
Schuppe	écaille f
schwimmen	nager
Süßwasserfisch	poisson d'eau douce m
untertauchen	plonger
zappeln	frétiller
zwicken	pincer

Weichtiere — Mollusques

Auster	huître f
Krake	pieuvre f
Qualle	méduse f
Muschel	coquillage m

Jakobsmuschel	coquille Saint-Jacques f
Miesmuschel	moule f
Schale	coquille f
Schnecke	escargot m
Nacktschnecke	limace f
Tintenfisch	calamar m

Kriechtiere, Lurche und Würmer	**Reptiles, batraciens et vers**
Eidechse	lézard m
Frosch	grenouille f
Gift	venin m
giftig	venimeux, -euse
häuten, sich	muer
Kreuzotter	vipère f
kriechen	ramper
Krokodil	crocodile m
Kröte	crapaud m
Lurch	batracien m
Natter	couleuvre f
quaken	coasser
Schildkröte	tortue f
Schlange	serpent m
Giftschlange	serpent venimeux m
Klapperschlange	serpent à sonnette m
Wurm	ver m
Regenwurm	ver de terre m
zischen	siffler

Vögel	**Oiseaux**
Adler	aigle m
Albatros	albatros m
Amsel	merle m
Auerhahn, Birkhahn	coq de bruyère m
Drossel	grive f
Eule	chouette f
Falke	faucon m
Fasan	faisan m
Fink	pinson m
Flamingo	flamant rose m
Geier	vautour m
Habicht	épervier m
Kanarienvogel	canari m
Kondor	condor m
Kormoran	cormoran m
Krähe	corneille f
Kranich	grue f
Kuckuck	coucou m

Lerche	alouette f
Meise	mésange f
Möwe	mouette f
Nachtigall	rossignol m
Papagei	perroquet m
Pelikan	pélican m
Pfau	paon m
Pinguin	pingouin m
Rabe	corbeau m, pl corbeaux
Rebhuhn	perdrix f
Reiher	héron m
Rotkehlchen	rouge-gorge m
Schnepfe	bécasse f
Schwalbe	hirondelle f
Schwan	cygne m
Spatz	moineau m, pl moineaux
Specht	pivert m
Storch	cigogne f
Strauß	autruche f
Taube	pigeon m
Tukan	toucan m
Uhu	grand-duc m
Wachtel	caille f
Wasserhuhn	poule d'eau f
Wellensittich	perruche f
Wildente	canard sauvage m

Fang	serre f
Feder	plume f
flattern	voleter
Flaum	duvet m
fliegen	voler
Flug	vol m
Flügel	aile f
flügge sein	voler de ses propres ailes
Gefieder	plumage m
hüpfen	sautiller
Käfig	cage f
kreisen	tournoyer
Nest	nid m
nisten	nicher
pfeifen	siffler
piepen	piailler
rufen, singen	chanter
Schnabel	bec m
Schwanz	queue f
schweben	planer

Vogel	oiseau m, pl oiseaux
Greifvogel	oiseau de proie m; rapace m
Singvogel	oiseau chanteur m
Zugvogel	oiseau migrateur m
zwitschern	gazouiller

Insekten — Insectes

Ameise	fourmi f
Ameisenhaufen	fourmilière f
Biene	abeille f
Bienenkönigin	reine des abeilles f
Bienenstock	ruche f
Bremse	taon m
Fliege	mouche f
Floh	puce f
Fühler	antenne f
Glühwürmchen	ver luisant m
Grille	grillon m
Heuschrecke	sauterelle f
Hornisse	frelon m
Hummel	bourdon m
Insekt	insecte m
Larve	larve f
Laus	pou m, pl poux
Libelle	libellule f
Maikäfer	hanneton m
Mistkäfer	scarabée m
Marienkäfer	coccinelle f
Motte	mite f
Mücke	moustique m
Puppe	cocon m
Raupe	chenille f
saugen	sucer
Schmetterling	papillon m
Schwarm	essaim m
Skorpion	scorpion m
Spinne	araignée f
spinnen	filer
Spinnennetz	toile d'araignée f
Stachel	dard m
stechen	piquer
Stich	piqûre f
summen	bourdonner
Termite	termite f
Wanze	punaise f
Wespe	guêpe f
wimmeln	fourmiller
Zecke	tique m
Zikade	cigale f

2.2 Pflanzenwelt — Le monde végétal

Bäume — Arbres

Ast	branche f
Baum	arbre m
Laubbaum	(arbre) feuillu m
Nadelbaum	conifère m
Obstbaum	arbre fruitier m
Blatt	feuille f
Blätter abwerfen	perdre ses feuilles
Eichel	gland m
Harz	résine f
knorrig	noueux, -euse
Knospe	bourgeon m
Krone, Wipfel	cime f
Laub	feuillage m
Pflanzenwelt	monde végétal m
Rinde	écorce f
Saft	sève f
Stamm	tronc m
Stumpf	souche f
Trieb	pousse f
Wurzel	racine f
Zapfen	cône m, pomme de pin f
Zweig	rameau m, pl rameaux
Ahorn	érable m
Birke	bouleau m, pl bouleaux
Buche	hêtre m
Edelkastanie	châtaignier m
Eiche	chêne m
Esche	frêne m
Fichte	pin m
Kiefer	pin m
Lärche	mélèze m
Linde	tilleul m
Pappel	peuplier m
Pinie	pin m
Platane	platane m
Roßkastanie	marronier m
Tanne	sapin m
Ulme	orme m
Weide	saule m
Zeder	cèdre m
Zypresse	cyprès m

2 Tier- und Pflanzenwelt

Obstbäume	Arbres fruitiers	Blumen	Fleurs
Apfelbaum	pommier m	Anemone	anémone f
Aprikosenbaum	abricotier m	Butterblume	bouton d'or m
Birnbaum	poirier m	Chrysantheme	chrysanthème m
Dattelpalme	dattier m	Dahlie	dahlia m
Feigenbaum	figuier m	Distel	chardon m
Kastanienbaum	châtaignier m	Edelweiß	edelweiss m
Kirschbaum	cerisier m	Enzian	gentiane f
Kokospalme	cocotier m	Flieder	lila m
Mandelbaum	amandier m	Geißblatt	chèvrefeuille m
Nußbaum	noyer m	Gänseblümchen	pâquerette f
Olivenbaum	olivier m	Klatschmohn	coquelicot m
Orangenbaum	oranger m	Kornblume	bleuet m
Pfirsichbaum	pêcher m	Lilie	lis m
Pflaumenbaum	prunier m	Maiglöckchen	muguet m
Quittenbaum	cognassier m	Margerite	marguerite f
Zitronenbaum	citronnier m	Nelke	œillet m
		Orchidee	orchidée f

Blumen und Pflanzen	Fleurs et plantes
aufblühen	s'épanouir, éclore
blühen	fleurir, *Bäume* être en fleur
Apfelbäume blühen weiß.	Les pommiers ont des fleurs blanches.
Blume	fleur f
Blumenstrauß	bouquet de fleurs m
Blumenzwiebel	bulbe m
Blüte	fleur f
Blütenblatt	pétale m
Blütenstaub	pollen m
Blütezeit	floraison f
Duft	odeur f, parfum m
duften	sentir bon
Efeu	lierre m
Farn	fougère f
Keim	germe m
keimen	germer
knospen	bourgeonner
Moos	mousse f
Pflanze	plante f
säen	semer
Samen	semence f
Samenkorn	graine f
Stiel, Stengel	tige f
Strauch	arbuste m
Unkraut	mauvaises herbes fpl
vertrocknen	déssécher
verwelken	se faner
wachsen	pousser

Blumen / Fleurs (continued):

Blumen	Fleurs
Pfingstrose	pivoine f
Primel	primevère f
Ringelblume	souci m
Rose	rose f
Schneeglöckchen	perce-neige m
Stiefmütterchen	pensée f
Tulpe	tulipe f
Veilchen	violette f
Vergißmeinnicht	myosotis m

Früchte	Fruits
Ananas	ananas m
Apfel	pomme f
Aprikose	abricot m
Avocado	avocat m
Banane	banane f
Birne	poire f
Brombeere	mûre f
Dattel	datte f
Erdbeere	fraise f
eßbar	comestible
faul	pourri
Feige	figue f
Frucht	fruit m
Fruchtfleisch	pulpe f, chair f
giftig	vénéneux, -euse
Grapefruit	pamplemousse m
Haselnuß	noisette f
Heidelbeere	myrtille f
Himbeere	framboise f
Hülse	gousse f

Johannisbeere (rote)	groseille f
Johannisbeere (schwarze)	cassis m
Kastanie	châtaigne f
Kern	pépin m
Kirsche	cerise f
Kokosnuß	noix de coco f
Mandarine	mandarine f
Mandel	amande f
Melone	melon m
Obst	fruits mpl
Obstgarten	verger m
Olive	olive f
Orange	orange f
Pfirsich	pêche f
Pflaume	prune f
Quitte	coing m
reif	mûr
reifen	mûrir
Saft	jus m
saftig	juteux, -euse
Schale	peau *(fruit)* f, coque *(noix)* f
Stachelbeere	groseille à maquereau f
Stein	noyau m, pl noyaux
Walnuß	noix f
Weintraube	raisin m
Zitrone	citron m

Sträucher — Arbustes

Bananenstaude	bananier m
Erdbeerpfllanze	fraisier m
Ginster	genêt m
Heckenrosenstrauch	églantier m
Heidekraut	bruyère f
Holunderstrauch	sureau m, pl sureaux
Lavendel	lavande f
Mistel	gui m
Myrte	myrte f
Stechpalme	houx m
Strauch	arbuste m
Haselnußstrauch	noisetier m
Himbeerstrauch	framboisier m
Johannisbeerstrauch	groseiller m
Teestrauch	théier m
Wacholderstrauch	genévrier m
Weinrebe	vigne f
Weinstock	cep de vigne m
Weißdorn	aubépine f

Gemüse, Kräuter und Pilze — Légumes, herbes et champignons

Artischocke	artichaut m
Aubergine	aubergine f
Austernpilz	pleurote f
Basilikum	basilic m
Bohne	haricot m
grüne Bohne	haricot vert m
weiße Bohne	haricot blanc m
Champignon	champignon de Paris m
Chicorée	endive f
Dill	aneth m
Endivie	chicorée f
Erbse	petit pois m
Feldsalat	mâche f
Fenchel	fenouil m
Gemüse	légume m
Gurke	concombre m
Karotte; Möhre	carotte f
Kartoffel	pomme de terre f
Knoblauch	ail m
Kohl	chou m, pl choux
Blumenkohl	chou-fleur m, pl choux-fleurs
Rosenkohl	chou de Bruxelles m
Rotkohl, Rotkraut, Blaukraut	chou rouge m
Weißkohl, Weißkraut	chou blanc m
Kohlrabi	chou-rave m, pl choux-raves
Kopfsalat	laitue f
Kräuter	herbes (aromatiques) fpl
Kürbis	citrouille f
Lauch	poireau m
Linse	lentille f
Majoran	origan m
Meerrettich	raifort m
Paprikaschote	poivron m
Petersilie	persil m
Pfifferling	chanterelle f
Pilz	champignon m
Radieschen	radis m
Rosmarin	romarin m
Rübe	betterave f
rote Rübe, rote Beete	betterave rouge f
weiße Rübe	navet m
Salat	salade f
Salbei	sauge m

Schnittlauch	ciboulette f	Getreide	céréale f
Sellerie	céléri m	Hafer	avoine f
Spargel	asperge f	Hirse	millet f
Spinat	épinard m	Hopfen	houblon m
Steinpilz	cèpe m	Klee	trèfle m
Thymian	thym m	Korn	grain m
Tomate	tomate f	Luzerne	luzerne f
Zucchini	courgette f	Mais	maïs m
Zwiebel	oignon m	Raps	colza m
		Reis	riz m
Getreide- und Futter-	**Céréales et plantes**	Roggen	seigle m
pflanzen	**fourragères**	Soja	soja m
		Sonnenblume	tournesol m
Ähre	épi m	Tabak	tabac m
Buchweizen	sarrasin m	Weizen	blé m
Erdnuß	arachide f	Zuckerrohr	canne à sucre f
Futterpflanze	plante fourragère f	Zuckerrübe	betterave à sucre f
Gerste	orge f		

3.1 Körper — Le corps

Achsel	aisselle f
Ader; Vene	veine f
After	anus m
atmen	respirer
einatmen	inspirer
ausatmen	expirer
Atmung	respiration f
Äußeres	aspect extérieur m
Band	ligament m
Bandscheibe	disque vertébral m
Bauch	ventre m
Bauchnabel	nombril m
Becken	bassin m
Blut	sang m
Blutgefäße	vaisseaux sanguins mpl
Blutkörperchen	globule m
Blutkreislauf	circulation f (du sang)
Brust	poitrine f
Brustkorb	cage thoracique f
Busen	seins mpl; poitrine f
Eierstock	ovaire m
Falte	ride f
faltig	ridé
Fleisch	chair f
Frau	femme f
Geschlecht	sexe m
geschlechtlich	sexuel, -elle
Geschlechtsorgane	*bei der Frau* organes génitaux mpl; *beim Mann* parties génitales fpl
Gesäß, Hinterteil	derrière m
Gesundheit	santé f
Gewebe	tissu m
Haut	peau f
fettige Haut	peau grasse
glatte Haut	peau lisse
trockene Haut	peau sèche
Hoden	testicule m
Hüfte	hanche f
Knochen	os m
Körper	corps m
körperlich	physique
Körperteil	partie du corps f

Lebewesen	être humain m
Mann	homme m
männlich	masculin
Mensch	homme m, être humain m
menschlich	humain
Muskel	muscle m
nackt	nu
Natur	nature f
Nerv	nerf m
Nervensystem	système nerveux m
Oberkörper	buste m; torse m
Plasma	plasma m
Pore	pore f
Puls	pouls m
Rippe	côte f
Rücken	dos m
Rückenmark	moelle épinière f
Rückgrat	épine dorsale f
Rumpf	tronc m
Schlagader, Arterie	artère f
Sehne	tendon m
Skelett	squelette m
Speichel	salive f
Stuhlgang	selles fpl
Unterleib	bas-ventre m
Urin	urine f
verdauen	digérer
Verdauung	digestion f
Wirbel	vertèbre f
Wirbelsäule	colonne vertébrale f
wachsen	grandir
Wachstum	croissance f
weiblich	féminin
Zelle	cellule f

Kopf — La tête

Adamsapfel	pomme d'Adam f
Auge	œil m, pl yeux
Schlitzaugen	yeux bridés m
Augenbraue	sourcil m
Augenhöhle	orbite f
Augenlid	paupière f
Backe; Wange	joue f
Backenknochen	pommette f
Gaumen	palais m
Gehirn	cerveau m

27

Gesicht	visage m; figure f
Haar	cheveu m, pl cheveux
Hals	cou m
Iris	iris m
Kehle	gorge f
Kiefer	mâchoire f
Kinn	menton m
Kopf	tête f
Lippe	lèvre f
Oberlippe	lèvre supérieure f
Unterlippe	lèvre inférieure f
Mund	bouche f
Nacken	nuque f
Nase	nez m
Nasenloch	narine f
Nebenhöhle	sinus m
Ohr	oreille f
Ohrläppchen	lobe de l'oreille m
Pupille	pupille f
Schädel	crâne m
Schläfe	tempe f
Stimmband	corde vocale f
Stirn	front m
die Stirn runzeln	froncer les sourcils
Träne	larme f
Wimper	cil m
Zahn	dent f
Zahnfleisch	gencive f
Zunge	langue f

Glieder — Les membres

Arm	bras m
Oberarm	bras m
Unterarm	avant-bras m
Bein	jambe f
das linke Bein	la jambe gauche
das rechte Bein	la jambe droite
Ellbogen	coude m
Faust	poing m
Ferse	talon m
Finger	doigt m
Daumen	pouce m
Zeigefinger	index m
Mittelfinger	majeur m
Ringfinger	annulaire m
kleiner Finger	petit doigt m, auriculaire m
Fuß	pied m

Fußsohle	plante du pied f
Gelenk	articulation f
Gliedmaßen	membres mpl
Hand	main f
Handfläche	paume de la main f
Handgelenk	poignet m
Knie	genou m, pl genoux
Knöchel	cheville f
Nagel	ongle m
Oberschenkel	cuisse f
Schienbein	tibia m
Schulter	épaule f
Schulterblatt	omoplate f
Wade	mollet m
Zehe	orteil m; doigt de pied m
große Zehe	gros orteil m
auf Zehenspitzen gehen	marcher sur la pointe des pieds

Organe — Les organes

Atmungsorgane	appareil respiratoire m
Bauchspeicheldrüse	pancréas m
Blase	vessie f
Blinddarm	appendice f
Darm	intestin m
Dickdarm	gros intestin m
Dünndarm	intestin grêle m
Galle, Gallenblase	vésicule bilaire f
Gebärmutter	utérus m
Herz	cœur m
Kehlkopf	larynx m
Leber	foie m
Luftröhre	trachée-artère f
Lunge, Lungenflügel	poumon m
Magen	estomac m
Milz	rate f
Niere	rein m
Organ	organe m
Penis	pénis m
Scheide	vagin m
Schilddrüse	(glande) thyroïde f
Speiseröhre	œsophage m
Verdauungsorgane	appareil digestif m

Aussehen — Physique

alt	vieux, vieille
Aussehen	physique m

Bart	barbe f	behaart	poilu
bärtig	barbu	Bürste	brosse f
blaß	pâle	Haarbürste	brosse à cheveux f
bleich	blême	bürsten	brosser
beweglich	souple	Creme	crème f
Beweglichkeit	souplesse f	Feuchtigkeitscreme	crème hydratante f
dick, fett	gros, grosse	Tagescreme	crème de jour f
Fettleibigkeit	obésité f	Sonnencreme	crème solaire f
Figur	silhouette f	Deodorant	déodorant m
flink	agile	Dusche	douche f
Gang	démarche f	entfernen	enlever
groß	grand	enthaaren	épiler
Wie groß ist sie?	Combien mesure-t-elle?	Enthaarung	épilation f
		färben	teindre
Ich bin ein(en) Meter sechzig groß.	Je fais un mètre soixante.	sich die Haare färben	se (faire) teindre les cheveux
Größe	taille f	Fön, Haartrockner	sèche-cheveux m
häßlich	laid	frisieren, sich	se coiffer
hübsch	joli	Frisur	coiffure f
jung	jeune	Haarschnitt	coupe de cheveux f
klein	petit	Handtuch	serviette f
Körperbau	stature f; constitution f	kalt	froid
		Kamm	peigne m
Kraft	force f	kämmen, sich	se peigner
kräftig	fort	Körperpflege	soins du corps mpl
mager	maigre	Kosmetikartikel	produit de beauté m
muskulös	musculeux, -euse	Kosmetikbeutel	trousse de maquillage f
plump	lourd		
Riese	géant m	Kulturbeutel	trousse de toilette f
schlank	mince	Linie	ligne f
Schnurrbart	moustache f	Ich achte auf meine Linie.	Je surveille ma ligne.
schön	beau, bel, belle, mpl beaux	Lippenstift	rouge à lèvres m
Schönheit	beauté f	Lotion	lotion f
schwach	faible	Make-up	maquillage m
Schwäche	faiblesse f	Nagel	ongle m
schwerfällig	lourd	Nagelfeile	lime à ongles f
stämmig	robuste	Nagellack	vernis à ongles m
untersetzt	trapu	Nagellackentferner	dissolvant m
widerstandsfähig	résistant	naß	mouillé
zierlich	menu	Pickel	bouton m
Zwerg(in)	nain(e) m(f)	Pinzette	pince à épiler f
		Pflege	soin m
		Gesichtspflege	soins du visage mpl

3.2 Körperpflege   Les soins du corps

		putzen	nettoyer
abtrocknen, sich	se sécher	sich die Zähne putzen	se laver les dents
ausspülen	rincer	Rasierapparat	rasoir m
Bad	bain m	Rasieren	rasage m
baden	prendre un bain	rasieren, sich	se raser
		Rasiercreme	crème à raser f

Rasierklinge	lame de rasoir f
Rasierwasser	lotion après-rasage f
reiben	frotter
Reinigungsmilch	lait démaquillant m
sauber	propre
Shampoo	shampooing m
schäumen	mousser
Schere	ciseaux mpl
Nagelschere	ciseaux à ongles mpl
schminken, sich	se maquiller
abschminken, sich	se démaquiller
schmutzig	sale
Schwamm	éponge f
Seife	savon m
Tönungscreme	fond de teint m
trocken	sec, sèche
trocknen	sécher
warm	chaud
waschen, sich	se laver
Waschlappen	gant de toilette m
wiegen, sich	se peser
Wimperntusche	mascara m
Zahnbürste	brosse à dents f
Zahnpasta	dentifrice m

3.3 Die fünf Sinne und die Sprache — Les cinq sens et le langage

Sehen, Sehvermögen — La vue

ansehen	regarder
anstarren	fixer du regard
aussehen	avoir l'air
Du siehst krank aus.	Tu as l'air malade.
Er sieht gut aus.	Il a bonne mine.
bemerken	remarquer
beobachten	observer
betrachten	contempler
blenden	éblouir
Blick	regard m
einen Blick werfen	jeter un coup d'œil
in einem Augenblick	en un clin d'œil
blind	aveugle; non-voyant
farbenblind	daltonien, -ienne
Blinde(r)	aveugle m(f)
Blindheit	cécité f

Brille	lunettes fpl
die Brille aufsetzen	mettre ses lunettes
Sonnenbrille	lunettes de soleil fpl
einäugig	borgne
erblinden	perdre la vue
Fernglas	jumelles fpl
Kontaktlinse	verre de contact m, lentille f
kurzsichtig	myope
Lupe	loupe f
scharf	*Blick* perçant; *Bild* net, nette
schielen	loucher
sehen	voir
Er sieht schlecht.	Il a une mauvaise vue.
Sehen	vue f
Sehschärfe	acuité visuelle f
Sehvermögen	vue f
Sicht	vue; visibilité f
in Sicht	en vue
außer Sicht	hors de vue
(un)sichtbar	(in)visible
Sinn	sens m
suchen	chercher
Wahrnehmung	perception f
wahrnehmen	percevoir
weitsichtig	presbyte

Farben — Les couleurs

beige	beige
blau	bleu
braun	*Auge, Farbe* marron; *Haare* châtain
bunt	multicolore; bariolé
dunkel	sombre
einfarbig	uni
Farbe	couleur f
Farbton	teinte f; ton m
gelb	jaune
glänzend	brillant
matt	mat
grau	gris
grell	criard
grün	vert
hell	clair
kräftig	vif, vive
orange	orange
rosa	rose

rot	rouge
schwarz	noir
weiß	blanc, blanche

Gehörsinn — L'ouïe

dumpf	assourdi
Gehörsinn	ouïe f
Geräusch	bruit m
hell, klar	clair
hören	entendre
Hören	ouïe f
(un)hörbar	(in)audible
horchen	tendre l'oreille
Klang	son m; timbre m
klangvoll	sonore
klingeln	sonner
Es hat geklingelt.	On a sonné.
Lärm	bruit m
Laut	son m; bruit m
laut	fort; bruyant; à voix haute
Lautstärke	volume sonore m
leise	bas, basse
schrill	aigu, -uë; strident
Schall	bruit m (retentissant)
schallen	retentir
schwerhörig	dur d'oreille
schwingen	vibrer
Stimme	voix f
mit leiser Stimme	à voix basse
taub	sourd
taubstumm	sourd-muet, sourde-muette
Taubheit	surdité f
Ton	son m
vernehmen	percevoir; entendre
zuhören	écouter

Geruchssinn — L'odorat

Aroma	arôme m
ausströmen	dégager (une odeur)
Duft	parfum m
duften	sentir bon
duftend	odorant; parfumé
Geruch	odeur f
geruchlos	sans odeur
Geruchssinn	odorat m
Gestank	puanteur f
riechen	sentir

Es riecht nach Zimt.	Ça sent la cannelle.
stinken	sentir mauvais; puer

Geschmackssinn — Le goût

bitter	amer, -ère
Geschmack	goût m
ohne Geschmack	sans goût, fade
Geschmackssinn	goût m
probieren	goûter
salzig	salé
sauer	aigre
scharf	relevé; épicé
schmackhaft	savoureux, -euse
schmecken	avoir un goût (de)
Es schmeckt gut.	C'est bon.
Es schmeckt süß.	Ça a un goût sucré.
Es schmeckt nach Vanille.	Ça a un goût de vanille.
süß	sucré
süßsauer	aigre-doux, aigre-douce
würzig	épicé, aromatique

Tastsinn — Le toucher

berühren	toucher
betasten	tâter; palper
fein	fin
fühlen, spüren	sentir
Fühlen	toucher m
glatt	lisse
hart	dur
heiß	très chaud; brûlant
kalt	froid
lauwarm	tiède
rauh	rugueux, -euse
Tastsinn	toucher m
warm	chaud
weich	mou, molle; doux, douce

Sprache — La langue, le langage

ankündigen	annoncer
Ankündigung	annonce f
ansprechen	adresser la parole à
Antwort	réponse f
antworten	répondre
Ausdruck	expression f

ausdrücken, sich	s'exprimer
Ausruf	exclamation f
ausrufen	s'exclamer
Aussprache	prononciation f
aussprechen	prononcer
bemerken	remarquer
Bemerkung	remarque f
betonen	accentuer
Betonung	accentuation f
brüllen	hurler
Brüllen	hurlements mpl
erzählen	raconter
Erzählung	récit m
erwidern	riposter; répliquer
flüstern	chuchoter
Frage	question f
eine Frage stellen	poser une question
fragen	demander; interroger
Geflüster	murmure m
Geschwätz	bavardage m
geschwätzig	bavard
heiser	*Stimme* éraillé; *Person* enroué
lispeln	zézayer
murmeln	murmurer
plaudern	bavarder
rauh	rauque
eine rauhe Stimme	une voix rauque
Rede	discours m
eine Rede halten	prononcer un discours
reden (von)	parler (de)
rufen	appeler
um Hilfe rufen	appeler au secours
sagen	dire
vorhersagen	prédire
Sprache	langue f; langage m
Die deutsche Sprache ist schwierig.	La langue allemande est difficile.
Kindersprache	langage enfantin m
Taubstummensprache	langage des sourd-muets m
Tiersprache	langage des animaux m
Zeichensprache	langage des signes m
sprechen	parler
stammeln	balbutier
stöhnen	gémir
Stottern	bégaiement m
stottern	bégayer

stumm	muet, muette
Schweigen	silence m
schweigen	se taire
Tonfall	intonation f
wiederholen	répéter
wimmern	geindre, vagir
Wort	mot m; *Bermerkung, Versprechen* parole f
Das ist mein letztes Wort!	C'est mon dernier mot!

3.4 Körperliche Tätigkeiten — Activités physiques

(aus)rutschen	glisser
ankommen	arriver
Anstrengung	effort m
aufheben	ramasser
aufrichten, sich	se redresser
aufstehen	se lever
aufwachen	se réveiller
ausgehen	sortir
ausstrecken, sich	s'étendre, s'étirer
beeilen, sich	se presser, se dépêcher
befinden, sich	se trouver
beugen (sich)	(se) pencher
die Knie beugen	plier les genoux
bewegen (sich)	(se) bouger
beweglich	mobile
Bewegung	mouvement m
bleiben	rester
bücken, sich	se baisser
drehen	tourner
fallen	tomber
fangen	attraper
fassen	saisir; prendre
folgen	suivre
gehen	*irgendwohin* aller; *sich fortbewegen* marcher
rückwärts gehen	reculer
vorwärts gehen	avancer
halten	tenir
heben	soulever
hinaufgehen	monter
hinausgehen	sortir
hineingehen	entrer
hinlegen, sich	s'allonger
hinuntergehen	descendre

knien	être agenouillé
niederknien	s'agenouiller
kommen	venir
langsam	lent
laufen	courir
Er kam gelaufen.	Il est arrivé en courant.
legen	poser (à plat); étendre
liegen	être couché, allongé
linkshändig	gaucher, -ère
machen, tun	faire
nehmen	prendre
nicken	faire un signe approbatif de la tête
rechtshändig	droitier, -ière
rennen	courir
schieben	pousser
schlafen	dormir
schlagen	frapper; battre
schnarchen	ronfler
schnell	rapide
Schnelligkeit	rapidité f
Schritt	pas m
schütteln	secouer
den Kopf schütteln	faire un signe de désapprobation de la tête
die Hand schütteln	serrer la main
Schwung	élan m
setzen	asseoir; mettre; poser
setzen, sich	s'asseoir
sitzen	être assis
springen	sauter
stehen	être debout
stehenbleiben	s'arrêter
stellen	poser; mettre debout
die Flasche auf den Tisch stellen	mettre la bouteille sur la table
stoßen, sich	se heurter
strecken	tendre
streicheln	caresser
Sturz	chute f
stürzen	tomber (brutalement)
stürzen, sich	se précipiter
stützen, sich (auf)	s'appuyer (sur)
Tätigkeit	activité f
tragen	porter
umarmen	prendre dans ses bras
umdrehen, sich	se retourner

umschütten	renverser
unbeweglich	immobile
vorbeigehen (an)	passer (devant)
werfen	jeter
winken	faire signe de la main
Zeichen	signe m
Er gab mir ein Zeichen.	Il m'a fait signe.
zeigen	montrer
ziehen	tirer
zurückkehren	retourner
zurückkommen	revenir

3.5 Gesundheit   La santé

angeboren	congénital
behindert	handicapé
körperbehindert	handicapé physique
geistig behindert	handicapé mental
erholen, sich	se rétablir; se remettre
erkälten, sich	prendre froid; s'enrhumer
Erholung	rétablissement m
Fieberthermometer	thermomètre m
fit sein, in Form sein	être en forme
fühlen, sich	se sentir
genesen, gesund werden	guérir
Genesung	convalescence f
gesund	*Person* en bonne santé; *Organ* en bon état
Gesundheit	santé f
heilen	guérir
heilbar	guérissable
Heilung	guérison f
Kraft	force f
wieder zu Kräften kommen	reprendre des forces
Krankenkasse	caisse maladie f
Medizin	médecine f
Rückfall	rechute f
schonen, sich	se ménager
tödlich	mortel, -elle
ungesund	mauvais pour la santé
unheilbar	incurable
Unterernährung	malnutrition f

3 Der Mensch: Körper und Gesundheit

Vorsorge	prévention f
Krebsvorsorge	dépistage du cancer m
Zustand	état m
Ihr Zustand ist sehr ernst.	Son état est très grave.

Krankheitssymptome

Symptomes de maladie

abnehmen	maigrir
fünf Kilo abnehmen	maigrir de cinq kilos
akut	aigu, aiguë
Ansteckung	contagion f
ansteckend	contagieux, -ieuse
ausbrechen	se déclarer
Ausschlag	éruption de boutons f
aussehen, schlecht	avoir mauvaise mine
Bakterien	microbes mpl
Beschwerde	douleur f
Magenbeschwerden haben	avoir mal à l'estomac
bösartig	malin, maligne
ein bösartiger Tumor	une tumeur maligne
chronisch	chronique
erbrechen, sich	vomir
Erschöpfung	épuisement m
erschöpft	épuisé
ersticken	étouffer
Fieber	fièvre f
das Fieber messen	prendre la température
fiebrig	fiévreux, -euse
frieren	avoir froid
Mir ist kalt.	J'ai froid.
Geschwulst; Tumor	tumeur f
Geschwür	ulcère m
husten	tousser
Husten	toux f
jucken	démanger
Juckreiz	démangeaison f
Kopfschmerzen	mal de tête m, pl maux de tête
Kopfschmerzen haben	avoir mal à la tête
Krampf	crampe f
Krampfader	varice f
krank	malade
krank werden; erkranken	tomber malade

Kranke(r)	malade m(f)
kränklich	maladif, -ive
leiden	souffrir
an Migräne leiden	souffir de migraines
müde	fatigué
Müdigkeit	fatigue f
Muskelkater	courbatures fpl
Nervosität	nervosité f
nervös	nerveux, -euse
niesen	éternuer
Ohnmacht	évanouissement m
ohnmächtig werden	s'évanouir
Schmerz	douleur f
schmerzhaft	douloureux, -euse
schwach	faible
schwächlich	fragile
Schüttelfrost	frisson m
Schwindelanfall	vertige m
Mir ist schwindlig.	J'ai le vertige.
schwitzen	transpirer; suer
Symptom	symptome m
Übelkeit	nausée f
Mir ist übel.	J'ai mal au cœur.
verschlechtern, sich	s'aggraver
Verschlechterung	aggravation f
Virus	virus m
weh tun, (sich)	(se) faire mal
Wo tut es weh?	Où est-ce que ça fait mal?
Wo hat er sich weh getan?	Où est-ce qu'il s'est fait mal?
zittern	trembler
zunehmen	grossir
Sie hat fünf Kilo zugenommen.	Elle a grossi de cinq kilos.

Krankheiten

Maladies

Aids	sida m
Allergie	allergie f
Angina	angine f
Asthma	asthme m
Blinddarmentzündung	appendicite f
Bronchitis	bronchite f
Cholera	choléra m
Depression	dépression f
Diphterie	diphtérie f
Durchfall	diarrhée f
Erkältung, Schnupfen	rhume m
Flechte	eczéma m

Gelbsucht	jaunisse f
Geschlechtskrankheit	maladie vénérienne f
Gicht	goutte f
Grippe	grippe f
Grippe haben	avoir la grippe
Halsweh	mal de gorge m
Herzanfall	crise cardiaque f
Herzinfarkt	infarctus m
Heuschnupfen	rhume des foins m
Ischias	sciatique f
Keuchhusten	coqueluche f
Kinderkrankheit	maladie infantile f
Kinderlähmung	poliomyélite f
Krankheit	maladie f
Krebs	cancer m
Kreislaufstörungen	troubles circula-toires mpl
Lepra	lèpre f
Leukämie	leucémie f
Lungenentzündung	pneumonie f
Magenverstimmung	indigestion f
Magersucht	anorexie f
Malaria	paludisme m
Masern	rougeole f
Migräne	migraine f
Mittelohrentzündung	otite f
Mumps	oreillons mpl
Neurose	névrose f
Pest	peste f
Pocken	petite vérole f
Rheuma	rhumatisme m
Röteln	rubéole f
Scharlach	scarlatine f
Schlaganfall	attaque (d'apople-xie) f
Seuche f	épidémie f
Tollwut	rage f
Tuberkulose	tuberculose f
Typhus	fièvre typhoïde f
Verdauungsstörungen	troubles digestifs mpl
Vergiftung	intoxication f
Verstopfung	constipation f
Windpocken	varicelle f
Wundstarrkrampf	tétanos m
Zuckerkrankheit	diabète m

Verletzungen — Blessures

ausrenken, sich	se démettre qc.
Beule	bosse f

Blase	ampoule f
blauer Fleck	bleu m
bluten	saigner
Bluterguß	hématome m
brechen, sich	se casser
sich den Arm brechen	se casser le bras
Bruch	fracture f
Eiter	pus m
eitern	suppurer
Gift	poison m
Gips	plâtre m
Pflaster	pansement adhésif m
Narbe	cicatrice f
vernarben	cicatriser
Quetschung	contusion f
Riß	déchirure f
Bänderriß	déchirure des ligaments f
röntgen	radiographier
Röntgenaufnahme	radiographie f
schneiden, sich	se couper
Schnitt	coupure f
stoßen, sich	se cogner
Unfall	accident m
Verband	pansement m
verbinden	faire un pansement
verbrennen, sich	se brûler
Verbrennung	brûlure f
Verletzte(r)	blessé(e) m(f)
verletzen, sich	se blesser
Verletzung	blessure f
verstauchen, sich	se fouler
Ich habe mir den Fuß verstaucht.	Je me suis foulé le pied.
Verstauchung	foulure f; entorse f
Wunde	plaie f

Behandlung — Soins médicaux

Apotheke	pharmacie f
Apotheker(in)	pharmacien, -ienne
Arzt, Ärztin	médecin m, docteur m, (femme f) médecin, doctoresse f
praktischer Arzt	généraliste m, f
Facharzt, -ärztin	spécialiste m, f
Augenarzt, -ärztin	oculiste m, f
Chirurg	chirurgien m
Frauenarzt, -ärztin	gynécologue m, f

3 Der Mensch: Körper und Gesundheit

Hals-Nasen-Ohren-Arzt, Ärztin	othorinolaryngologiste m, f
Heilpraktiker(in)	naturopathe m, f
Kinderarzt, -ärztin	pédiatre m, f
Krankengymnast(in)	kinésithérapeuthe m, f
Krankenpfleger	infirmier m
Krankenschwester	infirmière f
Logopäde, -pädin	orthophoniste m, f
Orthopäde, -pädin	orthopédiste m, f
Psychiater(in)	psychiatre m, f
ärztlich	médical
Artzpraxis	cabinet médical m
Gemeinschaftspraxis	cabinet de groupe m
Arzneimittel	médicament m
Abführmittel	laxatif m
Antibiotikum	antibiotique m
Schmerzmittel	calmant m, sédatif m
behandeln	soigner
Er ist mit Antibiotika behandelt worden.	Il a été traité aux antibiotiques.
Sie wird wegen ihres Asthmas behandelt.	Elle est traitée pour son asthme.
Behandlung	traitement m; soins mpl
Besserung	amélioration f
Gute Besserung!	Meilleure santé!
Blutprobe	prise de sang f
Blutdruck	tension f
den Blutdruck messen	prendre la tension
Er hat einen zu hohen Blutdruck.	Il a de la tension.
Diät	régime m
Diät halten	suivre un régime
Diagnose	diagnostic m
Elektrokardiogramm, EKG	électrocardiogramme m
Heilmittel	remède m
Hilfe	aide f
Erste Hilfe	premiers soins mpl
Homöopathie	homéopathie f
Impfung	vaccin m
impfen (gegen)	vacciner (contre)
Klinik	clinique f
Krankenhaus	hôpital m, pl hôpitaux

Krankenwagen	ambulance f
Kur	cure f
Abmagerungskur	cure d'amaigrissement f
lindern	calmer
Narkose	anesthésie f
Naturheilkunde	médecine douce f
Notarzt	*Einrichtung* SAMU m
Operation	opération f
Patient(in)	patient(e) m(f); malade m, f
pflegen	soigner
Pille	pilule f
Rezept	ordonnance f
Rollstuhl	fauteuil roulant m
Salbe	pommade f
Spritze	piqûre f
eine Spritze geben	faire une piqûre
Sprechstunde	consultation f
Sprechstunden	heures des consultations fpl
Tablette	comprimé m
therapeutisch	thérapeutique
Therapie	thérapie f
Tropfen	goutte f
zehn Tropfen am Tag einnehmen	prendre dix gouttes par jour
Universitätsklinik, Uniklinik	centre hospitalier universitaire m, C.H.U. m
untersuchen	examiner
Untersuchung	examen m
verschreiben	prescrire
Wartezimmer	salle d'attente f
wirken	faire de l'effet; être efficace
Zahnfüllung	plombage m
Zahnkrone	couronne f
Zahnarzt, -ärztin	dentiste m, f
Zahnpflege	soins dentaires mpl
Gebiß	dentier m
Karies	carie dentaire f
Zahnartzpraxis	cabinet dentaire m
Zahnschmerzen	maux de dents mpl
Zäpfchen	suppositoire m

Das Gefühlsleben — La vie affective

4.1 Geburt, Leben und Tod — Naissance, vie et mort

Abtreibung	avortement m
abtreiben	avorter
Empfängnisverhütung	contraception f
Empfängnisver-hütungsmittel	méthode contraceptive f
(Antibaby)pille	pilule (contracep-tive) f
Kondom	préservatif m
erwarten	attendre
ein Kind erwarten	attendre un enfant
entbinden	accoucher
Entbindung	accouchement m
gebären	mettre au monde
geboren werden	naître
Sie ist am zweiten Mai geboren.	Elle est née le deux mai.
Geburt	naissance f
Fehlgeburt	fausse couche f
Hebamme	sage-femme f
Kaiserschnitt	césarienne f
Leben	vie f
leben	vivre
lebendig	vivant
Mensch	homme m; être humain m
Neugeborenes	nouveau-né m
Baby	bébé m
Säugling	nourisson m
schwanger	enceinte
Valérie ist im vierten Monat schwanger.	Valérie est enceinte de quatre mois.
Schwangerschaft	grossesse f
Schwangerschafts-abbruch	IVG f (interruption volontaire de grossesse)
Taufe	baptême m
Vererbung	hérédité f

(Lebens)alter — L'âge

alt	âgé; vieux, vieille
Wie alt ist er?	Quel âge a-t-il?
Er wird im Dezember zwanzig.	Il aura vingt ans en décembre.
alt werden	vieillir
Alter	âge m
Sie ist in meinem Alter	Elle est de mon âge.
Er starb im Alter von 80 Jahren.	Il est mort à l'âge de 80 ans.
aufwachsen	grandir
erwachsen	adulte
Erwachsene	adultes mpl
Generation	génération f
Greis	vieillard m
Heranwachsende(r)	adolescent(e) m(f)
Jugend	jeunesse f
Jugendliche(r)	jeune m, f
jung	jeune
Junge	garçon m
junger Mann	jeune homme m
Kind	enfant m, f
Kindheit	enfance f
Mädchen	fille f
Mädchen; junge Frau	jeune fille f
minderjährig	mineur
Reife	maturité f
reif	mûr
Senioren	personnes âgées fpl; le troisième âge
Seniorenwohnheim	maison de retraite f
volljährig	majeur
Volljährigkeit	majorité f

Tod — La mort

beerdigen	enterrer
Beerdigung, Begräbnis	enterrement m
Beerdigungsinstitut	pompes funèbres fpl
Beisetzung	inhumation f
einäschern	incinérer
Einäscherung	incinération f
Erbe	héritage m
Erbe, Erbin	héritier m, -ière f
erben	hériter (de)
Erbin	héritière f
Friedhof	cimetière m
Grab	tombe f; sépulture f
Grabstein	pierre tombale f
Krematorium	crématorium m
Kranz	couronne f
Leiche	cadavre m
Leichenwagen	corbillard m
Sarg	cercueil m
Selbstmord	suicide m
Selbstmord begehen; sich umbringen	se suicider

4 Das Gefühlsleben

aufhängen, sich	se pendre	Herzlichen Glück-	Bon anniversaire!
erschießen, sich	se tuer d'une balle de	wunsch zum Ge-	
	revolver	burtstag!	
ertränken, sich	se noyer	gefallen, (sich)	(se) plaire
vergiften, sich	s'empoisonner	gehören (zu)	faire partie (de)
Staatsbegräbnis	funérailles natio-	Generation	génération f
	nales fpl	geschieden	divorcé
sterben	mourir	getrennt lebend	séparé
Sie ist an Krebs	Elle est morte d'un	heißen	s'appeler
gestorben.	cancer.	Identität	identité f
im Sterben liegen	être mourant	Junggeselle	célibataire m
Tod	mort f	kennen, (sich)	(se) connaître
eines natürlichen	mourir de mort	kennenlernen	faire connais-
Todes sterben	naturelle		sance (de)
eines gewaltsamen	mourir de mort	kennenlernen, sich	se connaître; faire
Todes sterben	violente		connaissance
erdrosselt werden	être étranglé	Sie haben sich im	Ils se sont connus en
erschossen werden	être tué d'une balle	Urlaub kennen-	vacances.
Todesfall	décès m	gelernt.	
Tote(r)	mort(e) m(f)	Kind	enfant m
tot	mort	Kind aus erster Ehe	enfant du premier
Trauer	deuil m		lit m
ums Leben kommen	mourir; être tué	Einzelkind	enfant unique m
	(dans)	ledig, unverheiratet	célibataire
Er ist bei einem Auto-	Il est mort dans un	Leidenschaft	passion (amou-
unfall ums Leben	accident de voiture.		reuse) f
gekommen		leidenschaftlich	passionné
Urne	urne f	lieben	aimer
verstorben	décédé	Liebhaber(in)	amant m, maîtresse f
Verstorbene(r)	défunt(e) m(f)	Nachkommen	descendants mpl
verunglücken	être victime d'un	Name	nom m
	accident	Familienname;	nom de famille m;
Sie ist tödlich verun-	Elle est morte dans	Zuname	patronyme m
glückt.	un accident.	Kosename	diminutif m
		Mädchenname	nom de jeune fille m
		Spitzname	surnom m

4.2 Familie und Verwandtschaft — La famille et la parenté

		Namenstag	fête f
		nennen	appeler
		schlafen mit jm	coucher avec qn
abstammen	descendre (de)	stammen, aus	être d'origine
alleinerziehender	famille	aus Rußland stammen	être d'origine russe
Elternteil	monoparentale f	Verhältnis	liaison f
Beziehung	relation f	verheiratet	marié
erotisch	érotique	verloben, sich	se fiancer
Familie	famille	Verlobte(r)	fiancé(e) m(f)
kinderreiche Familie	famille nombreuse f	Verlobung	fiançailles fpl
Familienstand	situation familiale f;	Verwandtschaft	parenté f
	état civil m	verwitwet	veuf, veuve
Freund(in)	ami(e) m(f)	Vorname	prénom m
Geburtstag	anniversaire m	Witwe(r)	veuf m, veuve f

Waise	orphelin(e) m(f)
Vollwaise	orphelin(e) de père et de mère m(f)

Hochzeit und Eheleben
Mariage et vie conjugale

Braut	mariée f
Bräutigam	marié m
Brautpaar	mariés mpl
Ehe	mariage m
Ehebruch	adultère m
Ehefrau; Frau	femme f
Ehemann; Mann	mari m
Eheleben	vie conjugale f
Ehepaar	couple m
Ehepartner	conjoint(e) m(f)
Flitterwochen	lune de miel f
Gatte, Gattin	époux m, épouse f
Heirat	mariage m
heiraten	se marier; épouser
Sie hat einen Jugendfreund geheiratet.	Elle s'est mariée avec un ami d'enfance.
Heiratsantrag	demande en mariage f
Hochzeit	mariage m; noces fpl
Hochzeitsnacht	nuit de noces f
Hochzeitsreise	voyage de noces f
kirchliche Trauung	mariage religieux f
Lebensgefährte, -gefährtin	compagnon m, compagne f
scheiden lassen, sich	divorcer
Scheidung	divorce m
trauen	marier; unir
Sie wurden kirchlich getraut.	Ils se sont mariés à l'église.
Trauung	(cérémonie f du) mariage m
standesamtliche Trauung	mariage civil f
Trauzeuge, Trauzeugin	témoin m
trennen, sich	se séparer
Trennung	séparation f

Verwandtschaftsgrad
Le degré de parenté

Bruder	frère m
Cousin; Vetter	cousin m
Cousine	cousine f
Eltern	parents mpl
Enkel(in)	petit-fils m, petite-fille f
Enkelkinder	petits-enfants mpl
Geschwister	frères et sœurs mpl
Großeltern	grand-parents mpl
Großmutter	grand-mère f
Großvater	grand-père m
Mama	maman f
Mutter	mère f
Neffe	neveu m, pl neveux
Nichte	nièce f
Oma	mamie f
Onkel	oncle m
Opa	papi m
Papa	papa m
Pate	parrain m
Patenkind	filleul(e) m(f)
Patin	marraine f
Schwager	beau-frère m
Schwägerin	belle-sœur f
Schwester	sœur f
Schwiegereltern	beaux-parents mpl
Schwiegermutter	belle-mère f
Schwiegervater	beau-père m
Schwiegersohn	gendre m
Schwiegertochter	belle-fille f
Sohn	fils m
Tante	tante f
Tochter	fille f
Urgroßeltern	arrière-grands-parents mpl
Vater	père m
verwandt (mit)	parent(e) (avec)
Verwandte(r)	parent(e) m(f)
entfernte Verwandte	parents éloignés mpl
Vorfahren	ancêtres mpl
Zwillinge	jumeaux mpl; jumelles fpl
Zwillingsbruder	frère jumeau
Zwillingsschwester	sœur jumelle

4.3 Gefühle
Les sentiments

ahnen	pressentir
Ahnung	pressentiment m
empfinden	sentir; éprouver
empfindsam	sensible
erregen	exciter

4 Das Gefühlsleben

erregbar	émotif, -ive
Erregung	excitation f
Erwartung	attente f
erwarten	attendre; espérer
fühlen	sentir
Feingefühl	délicatesse f; tact m
feinfühlig	sensible; qui a du tact
Gefühl	sentiment m
gefühllos	insensible
gefühlvoll	sentimental
Gemütszustand	état d'âme m
gerührt	ému
gutgelaunt	de bonne humeur
jammern	se lamenter
jubeln, jauchzen	exulter, jubiler
klagen	se plaindre
lachen	rire
lachen über, auslachen	se moquer de
Lachen	rire m
lächeln	sourire
Lächeln	sourire m
Laune	humeur f; caprice m
Sie ist schlechter Laune.	Elle est de mauvaise humeur.
launisch	lunatique; capricieux, -ieuse
Leidenschaft	passion f
leidenschaftlich	passionné
meckern	rouspéter
schluchzen	sangloter
schreien	crier
Seele	âme f
Sehnsucht	nostalgie f
seufzen	soupirer
Seufzer	soupir m
Stimmung	disposition f; humeur f
stöhnen	gémir
Sinnlichkeit	sensualité f
sinnlich	sensuel, -elle
Traum	rêve m
träumen	rêver
Trieb	instinct m
weinen, heulen	pleurer
wimmern	geindre

Positive Gefühle — Sentiments positifs

Achtung	estime f
begeistern (sich)	(s')enthousiasmer; (se) passionner (pour)
Begeisterung	enthousiasme m
bewundern	admirer
Bewunderung	admiration f
Emotion	émotion f
erfreulich	agréable
ermutigen	encourager
Freude	joie f
Lebensfreude	joie de vivre f
freuen, sich	se réjouir
freundlich	aimable
Freundlichkeit	amabilité f
Freundschaft	amitié f
fröhlich, lustig	gai
Fröhlichkeit	gaîté f
Glück	bonheur m
glücklich	heureux, -euse
heiter	enjoué
Heiterkeit	enjouement m
Herzlichkeit	cordialité f
hoffen	espérer
Hoffnung	espoir m; espérance f
Liebe	amour m
Liebe auf den ersten Blick	coup de foudre m
Aus Liebe zu dir.	Pour te faire plaisir.
lieben	aimer
gern haben	aimer beaucoup
liebevoll	affectueux, -euse
Spaß	plaisir m
Spaß haben	s'amuser
Sympathie	sympathie f
sympathisch	sympathique
Vergnügen	plaisir m, divertissement m
verlieben, sich	tomber amoureux
verliebt	amoureux, -euse
Vertrauen	confiance f
vertrauensvoll	confiant
Zärtlichkeit	tendresse f
zufrieden (mit)	satisfait (de)

Negative Gefühle — Sentiments négatifs

Abneigung	aversion f
Ärger	colère f
ärgern (sich)	(se) mettre en colère; (se) fâcher
Angst	peur f; angoisse f
Angst haben (vor)	avoir peur (de)

ängstlich	anxieux, -ieuse
Antipathie	antipathie f
antipathisch	antipathique
aufregen, sich	s'énerver
besorgt	préoccupé
beunruhigt	inquiet, inquiète
bitter	amer, -ère
Bitterkeit	amertume f
düster	sombre
Ekel	dégoût m
Entsetzen, Grauen	horreur f, épou-
	vante f
entsetzlich, grauen-	horrible, épou-
voll	vantable
enttäuschen	décevoir
von jm enttäuscht sein	être déçu par qn
Enttäuschung	déception f
Furcht	crainte f
fürchten (sich)	avoir peur (de);
	craindre (que)
Das Kind fürchtet	L'enfant a peur du
sich vor der	noir.
Dunkelheit.	
Ich fürchte, es ist	Je crains qu'il ne soit
zu spät.	trop tard.
gleichgültig	indifférent
Gleichgültigkeit	indifférence f
Haß	haine f
hassen	haïr; détester
Kummer	chagrin m
Liebeskummer	chagrin d'amour m
Langeweile	ennui m
langweilen, sich	s'ennuyer
langweilig	ennuyeux, -euse
Leid	souffrance f
leiden	souffrir
Mitleid	pitié f
Mißtrauen	méfiance f
mißtrauisch	méfiant
nachtragend	rancunier, -ière
schämen, sich	avoir honte
Sorge	souci m
Mach dir keine	Ne te fais pas de
Sorgen!	soucis!
traurig	triste
Traurigkeit	tristesse f
unglücklich	malheureux, -euse
unruhig	agité; inquiet,
	inquiète
unzufrieden	mécontent

Unzufriedenheit	mécontement m
verachten	mépriser
Verachtung	mépris m
verlegen	embarassé
Verlegenheit	embarras m
verstimmt	contrarié; irrité
verzweifeln	désespérer
Verzweiflung	désespoir m
Weinen	pleurs mpl;
	larmes fpl
dem Weinen nahe	être au bord des
sein	larmes
weinen	pleurer
Wut	colère f
wütend	en colère; furieux,
	-ieuse
zittern	trembler

4.4 Geist und Vernunft — L'esprit et la raison

Aufmerksamkeit	attention f
begreifen	comprendre
begreiflich	concevable
Begriff	idée f; notion f
berücksichtigen	tenir compte de
beurteilen	juger
Beurteilung	appréciation f;
	jugement m
Beweis	preuve f
beweisen	prouver
bewußt	conscient, -e (de)
Bewußtsein	conscience f
Denken	pensée f
denken (an)	penser (à)
nachdenken (über)	réfléchir (à)
dumm	bête
Dummheit	bêtise f
Einfall, Idee	idée f
Einbildungskraft	imagination f
	(faculté)
einfallen	venir à l'esprit
einverstanden sein	être d'accord
entscheiden	décider
Entscheidung,	décision f
Entschluß	
eine Entscheidung	prendre une décision
treffen	
Ergebnis	résultat m

4 Das Gefühlsleben

erinnern, sich	se souvenir
erinnern (an)	rappeler
Erinnerung	souvenir m
erklären	expliquer
Erklärung	explication f
fähig	capable
Fähigkeit	aptitude f, faculté f
fragen, sich	se demander, s'interroger
Gedanke	pensée f
auf den Gedanken kommen	avoir l'idée de
Gedächtnis	mémoire f
Geist	esprit m; intellect m
Geistesgegenwart	présence d'esprit f
geistig	mental
Gewissen	conscience f
Gewissensbisse	remords mpl
glauben, meinen	croire
Intelligenz	intelligence f
intelligent	intelligent
Interesse	intérêt m
interessant	intéressant
interessieren, sich (für)	s'intéresser (à)
Irrtum	erreur m
klug	intelligent; avisé
Klugheit	intelligence f; prudence f
kritisch	critique
Meinung	opinion f; avis m
Ich habe meine Meinung geändert.	J'ai changé d'avis.
meiner Meinung nach …	à mon avis …
Ich bin der Meinung, daß …	Je pense que …
offensichtlich; klar	évident; de toute évidence
Phantasie	imagination f
Scharfsinn	perspicacité f
scharfsinnig	perspicace; clairvoyant
schlau	rusé
schließen	conclure
Schlußfolgerung	conclusion f
sicher	sûr
Sinn	sens m
Das hat keinen Sinn.	Cela n'a pas de sens.
sinnlos; unsinnig	insensé
sinnvoll	sensé

skeptisch	sceptique
Standpunkt	point de vue m
überlegen, sich	réfléchir
Überlegung	réflexion f
überzeugen	convaincre
Überzeugung	conviction f
Unsinn	non-sens m
unterscheiden	distinguer; faire une différence
Unterscheidung	distinction f; différence f
Urteil	jugement m
vergessen	oublier
vergeßlich	oublieux, -euse; négligent
vermuten	supposer
Vermutung	supposition f
Vernunft	raison f
(un)vernünftig	(dé)raisonnable
verrückt	fou, fol, folle
Verstand	raison f
verständlich	compréhensible
Verständnis	compréhension f
verstehen	comprendre
etwas verstehen (von)	s'y connaître (en)
vorstellen (sich)	s'imaginer; se représenter
Vorstellungskraft	imagination f
Vorurteil	préjugé m
Wahnsinnige(r)	fou m, folle f
wahrnehmen	percevoir
Wahrnehmung	perception f
weise	sage; avisé
Weisheit	sagesse f
widersprechen	contredire
Widerspruch	contradiction f
widersprüchlich	contradictoire
Willkür	arbitraire m
willkürlich	arbitraire
Wissen	savoir m
wissen	savoir
soviel ich weiß, …	autant que je sache …
zustimmen	approuver; consentir à
Zustimmung	approbation f; consentement m
Zweifel	doute m
zweifeln	douter

4.5 Gute und schlechte Eigenschaften — Qualités et défauts

Gute Eigenschaften	Qualités
anhänglich	dévoué
Anhänglichkeit	dévouement m
anständig	honnête
Anständigkeit	honnêteté f
aufrichtig	sincère
Aufrichtigkeit	sincérité f
barmherzig	miséricordieux, -ieuse
Barmherzigkeit	miséricorde f
beharrlich	persévérant
Beharrlichkeit	persévérance f
bescheiden	modeste
Bescheidenheit	modestie f
dankbar	reconnaissant
Dankbarkeit	reconnaissance f
Demut	humilité f
demütig	humble
Ehre	honneur m
Ehrgeiz	ambition f
ehrgeizig	ambitieux, -ieuse
ehrlich	honnête
Ehrlichkeit	honnêteté f
Eifer	zèle m; assiduité f
eifrig	zélé, assidu
Eigenschaft (gute)	qualité f
einfach	simple
Einfachheit	simplicité f
Fleiß	assuidité f
fleißig	assidu
freundlich	aimable
Freundlichkeit	amabilité f
gastfreundlich	hospitalier, -ière
Gastfreundschaft	hospitalité f
Geduld	patience f
geduldig	patient
Gehorsam	obéissance f
gehorsam	obéissant
Genauigkeit	exactitude f
gerecht	juste
Gerechtigkeit	justice f
gewissenhaft	consciencieux, -ieuse
großzügig	généreux, -euse
Großzügigkeit	générosité f
hilfsbereit	serviable
Hilfsbereitschaft	serviabilité f
Hingebung	dévouement m
hingebungsvoll	dévoué
höflich	poli
Höflichkeit	politesse f
Liebenswürdigkeit	amabilité f
Mut	courage m
mutig	courageux, -euse
Nachsicht	indulgence f
nachsichtig	indulgent
Nächstenliebe	charité f
offen	franc, franche
Offenheit	franchise f
ordentlich	ordonné
Ordnung	ordre m
Pflicht	devoir m
Rücksicht	égards mpl
rücksichtsvoll	prévenant
selbstlos	altruïste
Sitten	bonnes mœurs fpl
sittlich, moralisch	moral
Sittlichkeit	moralité f; bonnes mœurs fpl
stolz	fier, fière
Stolz	fierté f
tapfer	vaillant; brave
Tapferkeit	vaillance f
tolerant	tolérant
Toleranz	tolérance f
treu	fidèle
Treue	fidélité f
Tugend	vertu f
tugendhaft	vertueux, -euse
verschwiegen	discret, -ète
Verschwiegenheit	discrétion f
Vorsicht	prudence f
vorsichtig	prudent
weise	sage
Weisheit	sagesse f
Wohltat	bienfait f
wohltätig	bienveillant
Würde	dignité f

Schlechte Eigenschaften	Défauts
bestechen	corrompre
bestechlich	corruptible; vénal
Bestechlichkeit	corruptibilité f
Betrug	tromperie f

43

betrügen	tromper
böse, boshaft	méchant
Bosheit	méchanceté f
Ehrgeiz	ambition f
ehrgeizig	ambitieux, -ieuse
Eifersucht	jalousie f
eifersüchtig	jaloux, jalouse
Eigenliebe	amour-propre m
Eigenschaft (schlechte)	défaut m
eitel	vaniteux, -euse; prétentieux, -ieuse
Eitelkeit	vanité f, prétention f
faul	paresseux, -euse
Faulheit	paresse f
feig, feige	lâche
Feigheit	lâcheté f
frech	insolent
Frechheit	insolence f
Geiz	avarice f
geizig	avare
Gewalt	violence f
gewalttätig	violent; brutal
grausam	cruel, -elle
Grausamkeit	cruauté f
grob	grossier, -ière
Heuchelei	hypocrisie f
hinterlistig	perfide; sournois
Hochmut	orgueil m
hochmutig	orgueilleux, -euse
Laster	vice m
lasterhaft	dépravé
Leichtsinn	imprudence f
leichtsinnig	imprudent
Lüge	mensonge m
lügen	mentir
Mißtrauen	méfiance f
mißtrauen	se méfier (de)
mißtrauisch	méfiant
nachlässig	négligent
Nachlässigkeit	négligence f
nachtragend	rancunier, -ière
Neid	envie f
neidisch	envieux, -ieuse

Neugier	curiosité f
neugierig	curieux, -ieuse
prahlen	se vanter
Rache	vengeance f
rächen, sich	se venger
rücksichtslos	sans-gêne
Rücksichtslosigkeit	sans-gêne m
Schmeichler	flatteur m
Schuld	culpabilité f
schuldig	coupable (de)
selbstgefällig	prétentieux, -ieuse
Selbstsucht	égoïsme m
selbstsüchtig, egoistisch	égoïste
Starrsinn	obstination f
starrsinnig	obstiné
träge	indolent
Trägheit	indolence f
überheblich	arrogant
undankbar	ingrat
Undankbarkeit	ingratitude f
unehrlich	déloyal
Unehrlichkeit	déloyauté f
Ungeduld	impatience f
ungeduldig	impatient
Ungehorsam	désobéissance f
ungerecht	injuste
unhöflich	impoli
Unhöflichkeit	impolitesse f
Unrecht	injustice f
unsittlich; un- moralisch	immoral
unterwürfig	servile
Unterwürfigkeit	servilité f
untreu	infidèle
Untreue	infidélité f
verachten	mépriser
Verachtung	mépris m
Verderbtheit	corruption morale f; perversion f
Verrat	trahison f
Verräter	traître m

Abendessen	dîner m
zu Abend essen	dîner
anstoßen	trinquer
Appetit	appétit m
Guten Appetit!	Bon appétit!
appetitlich	appétissant
austrinken	vider son verre
betrinken, sich	s'enivrer; F se saoûler
betrunken	ivre; F saôul
einschenken	verser à boire
Diät	régime m
eine Diät machen	faire un régime m
Durst	soif f
Durst haben	avoir soif
durstig	assoiffé
Ich bin durstig.	J'ai soif.
durststillend	désaltérant
verdursten	mourir de soif
einfach	frugal; simple
ernähren (sich)	(se) nourrir
Ernährung	alimentation f; nutrition f
essen	manger
kalt essen	manger froid
warm essen	manger chaud
eßbar	comestible
fasten	jeûner
Fastenkur	régime m
Feinschmecker	gourmet m
Festmahl	festin m
Frühstück	petit déjeuner m
frühstücken	prendre le petit déjeuner
Geschmack	goût m
Geschmack haben	avoir du goût
hinunterschlucken	avaler
Hunger	faim f
Hunger haben	avoir faim
Ich habe einen Bärenhunger.	J'ai une faim de loup.
Der Hunger kommt beim Essen.	L'appétit vient en mangeant.
Hungersnot	famine f
hungrig	affamé
Er ist hungrig.	Il a faim.
Imbiß	casse-croûte m; collation f

kauen	mâcher
knabbern	grignoter
kosten; probieren	goûter
Willst du den Kuchen probieren?	Veux-tu goûter le gâteau?
köstlich	délicieux, -ieuse
Kostprobe	dégustation f
Lust haben (auf)	avoir envie (de)
Ich habe Lust auf ein Eis.	J'ai envie d'une glace.
Mahlzeit	repas m
Mittagessen	déjeuner m
zu Mittag essen	déjeuner
nahrhaft	nourissant
Nahrung	nourriture f
nüchtern	*mit leerem Magen* à jeun; *nicht betrunken* sobre
satt	rassasié
Ich bin satt.	Je n'ai plus faim.
saugen	sucer
schlucken	avaler
schmackhaft	qui a bon goût; savoureux, -euse
schmecken	avoir un goût (de)
Es schmeckt gut.	C'est bon.
Es schmeckt nach nichts.	Ça n'a aucun goût.
Es schmeckt nach Fisch.	Ça a un goût de poisson.
spucken	cracher
trinken	boire
Trinken wir auf dein Wohl!	Buvons à ta santé!
aus der Flasche trinken	boire à la bouteille
aus einem Glas trinken	boire dans un verre
einen Schluck trinken	boire une gorgée
verdauen	digérer
Verdauung	digestion f
verdaulich	digeste
verhungern	mourir de faim
Verpflegung; Proviant	vivres fpl
verschlingen	avaler
verschlucken, sich	avaler de travers

5 Ernährung und Bekleidung

5.1 Lebensmittel und Getränke / Produits alimentaires et boissons

Biokost	produits (alimentaires) biologiques mpl
Braten	rôti m
Brathähnchen	poulet m
Brot	pain m
altbacken	rassis
belegtes Brot	sandwich m
Butterbrot	tartine de beurre f
Brötchen, Semmel	petit pain m
Rinde; Kruste	croûte f
Vollkornbrot	pain complet m
Butter	beurre m
Ei	œuf m
hartes Ei	œuf dur m
Rührei	œuf brouillé m
Spiegelei	œuf sur le plat m
weiches Ei	œuf à la coque m
Eis, Speiseeis	glace f
Vanilleeis	glace à la vanille
Eiswürfel	glaçon m
Essig	vinaigre m
fett	gras, grasse
Fett	graisse f; *Speisefett* matières grasses fpl
25% Fett	25% de matières grasses
Margarine	margarine f
Schmalz	saindoux m
Fisch	poisson m
Fleisch	viande f
Hackfleisch	viande hachée f
Hammelfleisch	viande de mouton f
Kalbfleisch	viande de veau f
Kaninchen	lapin m
Kotelett	côtelette f
Lammkeule	gigot d'agneau m
Leber	foie m
Rindfleisch	viande de bœuf f
Schnitzel	escalope f
Schweinefleisch	viande de porc f
Speck	lard m
Steak	steak m
blutig	saignant
rosa; medium	à point
durchgebraten	bien cuit
zäh, hart	dur
zart	tendre
Gebäck	pâtisseries fpl
Biskuit	biscuit m
Hörnchen	croissant m
Keks	gâteau sec m, pl gâteaux secs
Krapfen	beignet m
Kuchen	gâteau m, pl gâteaux
Obstkuchen	tarte aux fruits f
Pfannkuchen	crêpe f
Waffel	gaufre f
Zwieback	biscotte f
Geflügel	volaille f
Gemüse	légume m
Gewürz	épice m
Gewürznelke	clou de girofle m
Ingwer	gingembre m
Kapern	câpres fpl
Kümmel	cumin m
Lorbeer	laurier m
Muskatnuß	noix muscade f
Pfeffer	poivre m
Salz	sel m
Senf	moutarde f
Thymian	thym m
Vanille	vanille f
Zimt	cannelle f
Grieß	semoule f
Haferflocken	flocons d'avoine mpl
Honig	miel m
Joghurt	yaourt m
Fruchtjoghurt	yaourt aux fruits m
Kartoffel	pomme de terre f
gekochte Kartoffeln	pommes de terre à l'eau fpl
Bratkartoffeln	pommes de terre sautées fpl
Kartoffelbrei	purée de pommes de terre f
Pommes frites	frites fpl
Käse	fromage m
Quark	fromage blanc m
Schweizer Käse	gruyère m
mager	maigre
Marmelade	confiture f
Mehl	farine f
Nudeln	nouilles fpl
Obst	fruit m
Öl	huile f
Reis	riz m

Sahne	crème f
Schlagsahne	crème Chantilly f
Sauerrahm	crème fraîche f
Teig	pâte f
Blätterteig	pâte feuilletée f
Mürbteig	pâte brisée f
Süßigkeiten	sucreries fpl
Bonbon	bonbon m
Karamel	caramel
Marzipan	pâte d'amande f
Milch	lait m
Nougat	praliné m
Praline	chocolat m
Schokolade	chocolat m
Tafel Schokolade	tablette de chocolat f
Teigwaren	pâtes alimentaires fpl
tiefgefroren	congelé
Tiefkühlkost	produits surgelés mpl
Wurst	saucisse f
Hartwurst, Dauer-wurst	saucisson sec m
Zucker	sucre m
Würfelzucker	sucre en morceaux m
Puderzucker	sucre en poudre m
Wurstwaren	charcuterie f
Pastete	pâté m
Salami	saucisson m
Schinken	jambon m
gekochter Schinken	jambon cuit
roher Schinken	jambon cru

Getränke — **Boissons**

alkoholfrei	sans alcool
alkoholisch	alcoolisé
Aperitif	apéritif m
Apfelsaft	jus de pomme m
Apfelwein	cidre m
Bier	bière f
dunkles Bier	bière brune f
helles Bier	bière blonde f
Bier vom Faß	bière pression f
Champagner	champagne m
Fruchtsaft	jus de fruits m
Getränk	boisson f
Kaffee	café m
koffeinfreier Kaffee	décaféiné m
Milchkaffee	café au lait m
Kräutertee	tisane f; infusion f
Kakao	cacao m; chocolat (chaud) m
Likör	liqueur f
Limonade	limonade f
löslich	soluble
Milch	lait m
Rum	rhum m
Schnaps	eau-de-vie f
Verdauungsschnaps	digestif m
Sekt	mousseux m
Sirup	sirop m
Tee	thé m
trinkbar	potable
Wasser	eau f
Leitungswasser	eau du robinet f
Mineralwasser	eau minérale f
Sprudelwasser	eau gazeuse f
Wein	vin m
Rosé	rosé m
Rotwein	vin rouge m
Weißwein	vin blanc m

5.2 Kochen — La cuisine

abschmecken	goûter
die Soße abschmecken	goûter la sauce
anbrennen	*Soße* attacher; brûler
anmachen	assaisonner
aufwärmen	réchauffer
backen	cuire au four; faire cuire
braten	cuire (à la poêle, au four)
ein Schnitzel braten	faire cuire une escalope
dünsten	cuire à la vapeur
einfrieren	congeler
einlegen; marinieren	mariner
einmachen	mettre en conserve
füllen	farcir
gar	cuit; *Steak* à point
garnieren	garnir
grillen; rösten	griller; faire griller
hacken	hacher
hinzufügen	ajouter
kalt werden	refroidir
köcheln	mijoter
kochen	faire la cuisine; (faire) cuire; bouillir
Sie kann gut kochen.	Elle fait bien la cuisine.

5 Ernährung und Bekleidung

Die Kartoffeln kochen.	Les pommes de terre sont en train de cuire.	Bestellung	commande f
		empfehlen	recommander
		entkorken	déboucher
Er hat Nudeln gekocht.	Il a fait cuire des nouilles.	Feuerzeug	briquet m
		Flasche	bouteille f
Das Wasser kocht.	L'eau bout.	eine Flasche öffnen	ouvrir une bouteille
Kochbuch	livre de cuisine m	Karaffe	carafe f
Kochkunst	art culinaire m	Korken	bouchon m
Konservendose	boîte de conserve f	Gast	client(e) m(f)
Küche	cuisine f	Stammgast	habitué(e) m(f)
kühlen	rafraîchir; réfrigérer	Gericht; Gang	plat m
mahlen	moudre	Tagesgericht	plat du jour m
panieren	paner	Kellner(in)	garçon m, serveuse f
pfeffern	poivrer	Koch	cuisinier m
Prise	pincée f	Menü	menu m
putzen	nettoyer	Vorspeise	hors d'œuvre m; entrée f
räuchern	fumer		
Rezept	recette f	Hauptgericht	plat principal m; plat de résistance m
roh	cru		
salzen	saler		
scharf	épicé; *Senf* fort	Nachspeise	dessert m
schälen	éplucher	nach Wahl	au choix
schneiden	couper	Preisliste	tarif des consomma-tions m
Soße	sauce f		
Speise	plat m	Qualität	qualité f
Lieblingsspeise	plat préféré m	Rechnung	addition f
süß	doux, douce; *gezuckert* sucré	Bitte zahlen!	L'addition s.v.p.!
		rauchen	fumer
tiefgefroren	congelé	Reklamation	réclamation f
tiefgekühlt	surgelé	reservieren	réserver
trocken	sec, sèche	Tisch	table f
überbacken	passer au four	den Tisch decken	mettre la table; mettre le couvert
umrühren	remuer		
vermischen; verrühren	mélanger	den Tisch abräumen	débarrasser la table
versalzen	trop salé	Tischtuch	nappe f
vorheizen	préchauffer	Selbstbedienung	libre-service m
zubereiten	préparer	Service	service m
Zutaten	ingrédients mpl	Service im Preis inbegriffen	service compris
würzen	épicer		
stark gewürzt	très épicé	Speisekarte	carte f
		Tageskarte	carte du jour f
		Spezialität	spécialité f
		Tablett	plateau m, pl plateaux

5.3 Im Restaurant Au restaurant

anbieten	proposer	Trinkgeld	pourboire m
Aschenbecher	cendrier m	Verzehr	consommation f
Atmosphäre	atmosphère f	verzehren	consommer
bedienen	servir	Wirt(in)	patron m, patronne f (d'un restaurant)
Bedienung	service m		
bestellen	commander		

5.4 Kleidung — Habillement

anziehen	mettre
anziehen (sich)	s'habiller
Zieh dich warm an!	Couvre-toi bien!
aufknöpfen	déboutonner
ausziehen, ablegen	enlever
ausziehen (sich)	se déshabiller
bequem	confortable
binden	nouer
elegant	élégant
kleiden (sich)	(s')habiller
modisch gekleidet sein	être habillé à la mode
Kleider	vêtements mpl
in Kleidern schlafen	dormir tout habillé
Kleidung	habillement m
Arbeitskleidung	vêtements de travail mpl
Damenkleidung	vêtements pour femmes mpl
Konfektionskleidung	prêt-à-porter m
Sportbekleidung	vêtements sport mpl
Kleidungsstück	vêtement m
Mode	mode f
passen, stehen	(bien) aller à
Diese Hose paßt dir gut.	Ce pantalon te va bien.
tragen, anhaben	porter, mettre
Wäsche	linge m
zerknittern	froisser

Kleider — Vêtements

Anorak	anorak m
Anzug	costume m
Maßanzug	costume sur mesure
Babywäsche	layette f
Badeanzug	maillot de bain m
Badehose	maillot m, slip de bain m
Bademantel	peignoir m
Blouson	blouson m
Bluse	chemisier m; corsage m
Body	body m
Büstenhalter	soutien-gorge m
Damenunterwäsche	lingerie féminine f
Fliege	nœud papillon m
Frack	queue de pie f
Hemd	chemise f

Herrenunterwäsche	sous-vêtements masculins mpl
Hose	pantalon m
Hosenanzug	ensemble pantalon m (*pour femme*)
Jacke	veste f
Jeans	jean m
Kleid	robe f
Abendkleid	robe du soir f
Kostüm	tailleur m
Krawatte	cravate f
Lederjacke	veste en cuir f
Mantel	manteau m, pl manteaux
Pelzmantel	manteau de fourrure m
Morgenmantel	robe de chambre f
Nachthemd	chemise de nuit f
Overall	combinaison f
Pullover, Pulli	pull-over m, pull m
Pullover mit V-Ausschnitt	pull-over avec une encolure en V m
Rollkragenpullover	pull-over à col roulé m
Regenmantel	imperméable m
Reithose	culotte de cheval f
Rock	jupe f
Faltenrock	jupe plissée f
Sandale	sandale f
Schlafanzug, Pyjama	pyjama m
Schlüpfer	culotte f; slip m
Schuh	chaussure f
Schuhe mit hohen Absätzen	(chaussures fpl à) talons hauts mpl
Stiefel	botte f
Stiefelette	bottine f
Pantoffel	pantoufle f
Schuhband	lacet m
Shorts	short m
Skianzug	combinaison de ski f
Smoking	smoking m
Socke	chaussette f
Strampelhöschen	grenouillère f
Strickjacke	veste en tricot f
Strumpf	bas m
Kniestrumpf	mi-bas m
Strumpfhalter	jarretelle f
Strumpfhose	collant m
T-Shirt	tee-shirt m
Trainingsanzug	survêtement m

Unterhose	*Herren* caleçon m; *Damen* petite culotte; *Slip* slip m
Unterrock	combinaison f; *halb* jupon m
Weste	gilet m

5.5   Stoffe und Accessoires / Tissus et accessoires

Baumwolle	coton m
bügelfrei	infroissable, qui ne se repasse pas
bunt	en couleurs; multicolore
echt	véritable
farbecht	grand teint
Filz	feutre m
Flanell	flanelle f
Gabardine	gabardine f
geblümt	à fleurs
gefärbt	teint
gemustert	à motifs
gepunktet	à pois
gestreift	rayé
Jersey	jersey m
kariert	à carreaux
Krepp	crêpe m
Kunstfaser	fibre synthétique f
Kunstleder	skaï m
Kunstseide	soie artificielle f; rayonne f
Leder	cuir m
Leinen	lin m
Mikrofaser	microfibre f
Naturfaser	fibre naturelle f
Nylon	nylon m
pflegeleicht	facile à entretenir
Polyester	polyester m
Samt	velours m
Satin	satin m
Seide	soie f
Spitze	dentelle f
Stoff	tissu m
strapazierfähig	solide
Taft	taffetas m
Viskose	viscose f
waschbar	lavable
wasserdicht	imperméable

Wildleder	daim m
Wolle	laine f
reine Wolle	pure laine
Schurwolle	laine vierge

Accessoires / Accessoires

Accessoire	accessoire m
Armbanduhr	montre f
Armreif	bracelet m
Badekappe	bonnet de bain m
Brieftasche	portefeuille m
Brosche	broche f
Geldbeutel	porte-monnaie m
Gürtel	ceinture f
Halskette	collier m
Halstuch	foulard m
Handschuh	gant m
Handtasche	sac à main m
Hosenträger	bretelles fpl
Hut	chapeau m
Kette	chaîne f
Mütze	casquette f
Baskenmütze	béret m
Wollmütze	bonnet m
Ohrring	boucle d'oreille f
Regenschirm	parapluie m
Ring	bague f
Schal	écharpe f; châle m
Schmuck(stück)	bijou m, pl bijoux
Sonnenbrille	lunettes de soleil fpl
Stirnband	bandeau m, pl bandeaux
Taschentuch	mouchoir m

5.6   Nähen / La couture

Ärmel	manche f
Aufschlag	revers m
anprobieren	essayer
Ausschnitt	décolleté m
eng	étroit; serré
eng anliegend	moulant
enger machen	diminuer
eng sein	serrer
Faden, Garn	fil m
Fingerhut	dé à coudre m
flicken	raccommoder; mettre une pièce
Futter	doublure f

Gummiband	élastique m	nähen	coudre
häkeln	faire du crochet	Nähen	couture f
Kleiderbügel	cintre m	Näherin	couturière f
Knopf	bouton m	Nähmaschine	machine à coudre f
Knopfloch	boutonnière f	Naht	couture f
kurz	court	Reißverschluß	fermeture éclair f
kürzen	raccourcir	Schere	ciseaux mpl
lang	long, longue	Schnittmuster	patron m
verlängern	rallonger	Saum	ourlet m
Maß	mesure f	sitzen	bien aller; bien
nach Maß	sur mesure		tomber
Maß nehmen	prendre les mesures	sticken	broder
Maßband	mètre m	Stickerei	broderie f
Modell	modèle m	stopfen	repriser
Nadel	aiguille f	stricken	tricoter
Sicherheitsnadel	épingle de nourrice,	Tasche	poche f
	de sûreté f	weit	large
Stecknadel	épingle f	weiter machen	élargir
Stricknadel	aiguille à tricoter f		

51

bewohnen	habiter (dans)	Ferienhaus	maison de campagne f; résidence secondaire f
Eigentümer(in)	propriétaire m, f		
einziehen	emménager		
Elendsviertel	bidonville m	Gebäude	bâtiment m
Grundstück	terrain m	Haus	maison f
Hausbesitzer(in)	propriétaire m, f	Einfamilienhaus	maison individuelle f
Hausmeister(in)	concierge m, f	Herrensitz, Landsitz	manoir m
Hausverwalter(in)	gérant(e) m(f)	Hochhaus	tour f
kündigen	donner congé	Fertighaus	maison préfabri-quée f
Der Hausbesitzer hat seinen Mietern ge-kündigt.	Le propriétaire a donné congé à ses locataires.	Landhaus	maison de cam-pagne f
Miete	loyer m	Reihenhaus	maison (dans un lotissement avec murs mitoyens) f
mieten	louer (qc)		
Miteigentümer(in)	copropriétaire m, f		
Mieter(in)	locataire m, f	Häuserblock	pâté de maisons m, bloc m
Mietvertrag	contrat de location m		
Nebenkosten	charges fpl	Hütte	cabane f
obdachlos	sans-abri	Palast	palais m
renovieren	rénover	Schloß	château m, pl châteaux
Siedlung	lotissement m; cité f		
umziehen, ausziehen	déménager	Slum	bidonville m
Umzug	déménagement m	Unterkunft	logement m; hébergement m
unterbringen	loger		
Untermiete	sous-location f	Villa	villa f
zur Untermiete wohnen	être en sous-location	Wolkenkratzer	gratte-ciel m
		Wohnblock	groupe d'immeu-bles m
Untermieter(in)	sous-locataire m, f		
vermieten	louer (à qn)	Wohngebäude	immeuble d'habitation m
Vermieter(in)	propriétaire m(f)		
wohnen (in)	habiter	Wohnsiedlung	grand ensemble m
Er wohnt in Paris.	Il habite à Paris.	Wohnung	appartement m; logement m
Ich wohne in einem Altbau.	J'habite dans un vieil immeuble.		
		Luxuswohnung	appartement de grand standing m
Wohnsitz	domicile m		
erster Wohnsitz	résidence principale f	Mietwohnung	appartement (loué/à louer) m
zweiter Wohnsitz	résidence secon-daire f		
		Sozialwohnung	H.L.M. m
Wohngemeinschaft	communauté f (d'habitation)		

6.2 Hausbau — La construction d'une maison

Bagger	excavateur m; bulldozer m
Balken	poutre f
Querbalken	poutre transversale f
bauen	construire
Baugerüst	échafaudage m

(Wohnviertel — quartier résidentiel m)

6.1 Haus und Wohnung — La maison et l'appartement

Appartement	studio m
Bungalow	bungalow m
Eigentumswohnung	appartement en copropriété m

Bauland	terrain(s) m(pl) à bâtir
Baumaterial	matériau de construction m
Baustelle	chantier m
Brett	planche f
Beton	béton m
Stahlbeton	ciment armé m
betonieren	bétonner
Betonmischer	bétonnière f
Dach	toit m
Dachboden	grenier m
Dachfenster	lucarne f
Dachrinne	gouttière f
Dachstuhl	charpente d'un toit f
Dachziegel	tuile f
Durchgang	passage m
Erdgeschoß	rez-de-chaussée m
Fahrstuhl	ascenseur m
Fassade	façade f
Fenster	fenêtre f
Doppelfenster	double vitrage m
Fensterladen	volet m
Fensterscheibe	vitre f
Fliese	carreau m, pl carreaux
Fliesen legen	carreler
Fundament	fondation f
Gerüst	échafaudage m
Giebel	pignon m
Garage	garage m
Tiefgarage	garage souterrain m
Geländer	rampe f
Gips	plâtre m
heizen	chauffer
Heizkörper	radiateur m
Heizraum	chaufferie f
Heizung	chauffage m
Fußbodenheizung	chauffage par le sol m
Solarheizung	chauffage solaire m
Zentralheizung	chauffage central m
Hof	cour f
Kamin	cheminée f
Keller	cave f
Kellergeschoß	sous-sol m
Kies	gravier m
Klimaanlage	climatisation f
Kran	grue f
Leitung	conduite f

Wasserleitung	conduite d'eau f
Mauer	mur m
malen	peindre
Mörtel	mortier m
Ofen	poêle m
Pfeiler	pilier m
Sand	sable m
Schiefer	ardoise f
Stein	pierre f
Mauerstein	parpaing m
Rohbau	gros-oeuvre m
Rohrleitungssystem	canalisation f
Schornstein	cheminée f
Stock(werk)	étage m
mehrstöckig	à plusieurs étages
Strom	courant m
Stufe	marche f
Tor	portail m
Treppe	escalier m
Treppenabsatz	palier m
Treppenhaus	cage d'escalier f
Tür	porte f
Verputz	crépi m
verputzen	crépir
Wand	mur m
Zement	ciment m
Zwischenwand	cloison f

6.3 Wohnungseinrichtung — Aménagement intérieur

aufhängen	accrocher
anschalten	brancher
anschließen	brancher; raccorder
Batterie	pile f
basteln	bricoler
beleuchten	éclairer
Beleuchtung	éclairage m
Boden	sol m
Decke	plafond m
einrichten (sich)	aménager; s'installer
Einrichtung	aménagement m; ameublement m
Fußboden	plancher m
Gang	couloir m
Glühbirne	ampoule f
Haushaltgeräte	appareils ménagers mpl
ein Gerät ausschalten	arrêter un appareil

ein Gerät einschalten	mettre un appareil en marche	Herd	cuisinière f
Licht	lumière f	Elektroherd	cuisinière électrique f
das Licht einschalten	allumer la lumière	Gasherd	cuisinière à gaz f
das Licht ausschalten	éteindre la lumière	Kaffeemühle	moulin à café m
Neonröhre	tube de néon m	Kaffeelöffel	cuillère à café f
Raum	pièce f	Kochplatte	plaque de cuisson f
Rolladen	store m	Kochtopf	casserole f
Säge	scie f	Korkenzieher	tire-bouchon m
Schalter	commutateur m	Küche	cuisine f
schließen	fermer (à clé)	Küchenmaschine	robot m
Schloß	serrure f	Kühlschrank	réfrigérateur m
Schlüssel	clé f	Löffel	cuillère f
Schnur	fil électrique m	Messer	couteau m, pl couteaux
Sicherung	plombs mpl; fusible m	Mikrowellenherd	micro-ondes m
Die Sicherung ist durchgebrannt.	Les plombs ont sauté.	Mixer	batteur m; mixeur m
Sprechanlage	interphone m	Müll	ordures fpl
Steckdose	prise f	Mülleimer	poubelle f
Stecker	fiche f	Pfanne	poêle f
Tapete	papier peint m	Saftpresse	presse-fruits m
Teppichboden	moquette f	Schnellkochtopf	autocuiseur m
Thermostat	thermostat m	Schüssel	saladier m
Wohnungseinrichtung	aménagement intérieur m	Spülbecken	évier m
		Suppenlöffel	cuillère à soupe f
Zimmer	pièce f	Suppenschüssel	soupière f
		Suppenteller	assiette creuse f
		Tasse	tasse f
		Teller	assiette f
		Toaster	grille-pain m
		Untertasse	soucoupe f
		Waschmaschine	lave-linge m
		Wasserhahn	robinet m
		Wasserkessel	bouilloire f

Küche

Cuisine f

Backofen	four m
Becher	gobelet m
Besteck	couvert m
Boiler	chauffe-eau m; cumulus m
Dosenöffner	ouvre-boîte m
Eimer	seau m, pl seaux
Einbauküche	cuisine intégrée f
Einbauschrank	placard m
Fleischwolf	hachoir m
Friteuse	friteuse f
Gabel	fourchette f
Gas	gaz m
das Gas anzünden	allumer le gaz
Gefäß	récipient m
Geschirr	vaisselle f
Geschirrschrank	buffet m
Geschirrspüler	lave-vaisselle m
Glas	verre m
Grill	gril m; rôtissoire f

Flur, Eß- und Wohnzimmer

Entrée, salle à manger et séjour

CD	disque compact m
CD-Player	platine laser f
Bild, Gemälde	tableau m, pl tableaux
Eßecke	coin-repas m
Eßzimmer	salle à manger f
Fernbedienung	télécommande f
Fernseher	téléviseur m
Flur	entrée f; vestibule m
Fußmatte	paillasson m
Garderobe	portemanteau m, pl portemanteaux
Gardine	rideau m, pl rideaux

Hi-Fi-Anlage	chaîne hi-fi f
Kleiderhaken	crochet m; patère f
Lampe	lampe f
Halogenlampe	lampe halogène f
Lampenschirm	abat-jour m
Kamin	cheminée f
Kissen	coussin m
Kleiderständer	portemanteau m, pl
	portemanteaux
Leuchter	lustre m
Liege	divan m
Möbelstück	meuble m
Radio	radio f
Rahmen	cadre m
Regal	étagère f
Schirmständer	porte-parapluies m
Schreibtisch	bureau m
Sessel	fauteuil m
Sofa	canapé m
Spiegel	glace f, miroir m
Stuhl	chaise f
Teppich	tapis m
Tisch	table f
Tonbandgerät	magnétophone m
Uhr	pendule f
Videokassette	cassette vidéo f
Videorecorder	magnétoscope m
Vorhang	rideau m, pl rideaux
Wandleuchte	applique f
Wohnzimmer	séjour m
Zimmerpflanze	plante d'appartement f

Schlafzimmer	**Chambre à coucher**
Bett	lit m
Bettuch	drap de lit m
Bettzeug	literie f
das Bett frisch beziehen	mettre des draps propres
Decke	couverture f
Doppelbett	lit à deux personnes m; grand lit m
Federbett	édredon m, couette f
Gästezimmer	chambre d'amis f
Kinderzimmer	chambre d'enfant f
Spielzeug	jouet m
Kleiderschrank	penderie f
Kommode	commode f
Kopfkissen	oreiller m

Leselampe	lampe de chevet f
Matratze	matelas m
Nachttisch	table de nuit f
Schlafzimmer	chambre à coucher f
Schrank	armoire f
Schublade	tiroir m
Tagesdecke	dessus-de-lit m
Wecker	réveil m
Wickeltisch	table à langer f
Wiege	berceau m, pl berceaux

Badezimmer	**Salle de bains**
Bad	bain m
baden	prendre un bain
Bademantel	peignoir m
Badetuch	drap de bain m
Badewanne	baignoire f
Badezimmer	salle de bains f
Dusche	douche f
duschen	prendre une douche
Handtuch	serviette
Handtuchhalter	porte-serviette m
Hausapotheke	armoire à pharmacie f
Klo, Toilette	toilettes fpl
Personenwaage	pèse-personnes m
Schemel	tabouret m
Schwamm	éponge f
Seifenhalter	porte-savon m
Waschbecken	lavabo m
Waschlappen	gant de toilette m

6.4 Hausarbeit	**Les travaux ménagers**
abräumen *(Tisch)*	débarrasser (la table)
abtrocknen *(Geschirr)*	essuyer la vaisselle
aufräumen	ranger
Besen	balai m
bügeln	repasser
Bügeleisen	fer à repasser m
einkaufen	faire les courses
einfrieren	congeler
Geschirrtuch	torchon à vaisselle m
Hausarbeit	travaux ménagers mpl
Hausfrau	maîtresse de maison f; ménagère f

6 Wohnen

Haushalt	ménage m	Staub wischen	enlever la poussière
kehren	balayer	staubig	poussiéreux, -ieuse
kochen	faire la cuisine	staubsaugen	passer l'aspirateur
lüften	aérer	Staubsauger	aspirateur m
nachspülen	rincer	staubwischen	enlever la poussière
putzen	faire le ménage;	Streichholz	allumette f
	nettoyer	Tuch, Lappen	chiffon m
reinigen	nettoyer	Vorwäsche	prélavage m
Reinigung	nettoyage m	waschen	laver
Reinigungsmittel	produit d'entretien m	Waschmaschine	machine à laver f
sauber	propre	Waschmittel	(produit m) lessive f
schmutzig	sale	Waschprogramm	programme de
schmutzig machen	salir		lavage m
(Geschirr) spülen	faire la vaisselle	Wäsche	lessive f
Spülmittel	produit (à) vais-	Wäschetrockner	sèche-linge m
	selle m	wischen	nettoyer
Staub	poussière f		

7.1 Anlagen und Gebäude   Installations et bâtiments

Anlagen   Installations

abreißen	démolir
Anlage	installation f
ausbauen	agrandir, élargir
Außenbezirk	périphérie f
Ballungsgebiet	conurbation f
Ballungszentrum	grand centre économique, industriel m
Brücke	pont m
Busbahnhof	gare routière f
Bushaltestelle	arrêt d'autobus m
Einkaufszentrum	centre commercial m
erstrecken, sich	s'étendre
Friedhof	cimetière m
Fußgängerüberweg	passage pour piétons m
Fußgängerzone	zone piétonne f
Gasse	ruelle f
Sackgasse	impasse f
Gehsteig, Bürgersteig	trottoir m
Gelände	terrain m
Grünanlagen	espaces verts mpl
Hafen	port m
Häuserblock	pâté de maisons m
hinweisen	indiquer
hoch	haut
Hof	cour f
Industriegebiet	zone industrielle f
Kanalisation	tout-à-l'égout m
liegen	être situé
Markt	marché m
Marktplatz	place du marché f
Ort	localité f
Park	parc m, jardin public m
Parkhaus, -platz	parking m
Pflaster	pavé m
Platz	place f
Ring	boulevard périphérique m
Sanierung	réhabilitation f
sanieren	réhabiliter
Schlafstadt	cité-dortoir f
Siedlungsgebiet	zone de lotissement f
Spielplatz	terrain de jeux m

Stadt	ville f
Altstadt	vieille ville f
Innenstadt	centre-ville m
Trabantenstadt	ville-satellite f
Weltstadt	métropole f
Städtebau	urbanisme m
städtisch	urbain
Stadtplan	plan de la ville m
Stadtteil	quartier m
Straße	rue f
Straßenbahn	tramway m
Straßenlaterne	réverbère m
Taxistand	station de taxis f
Telefonzelle	cabine téléphonique f
Tunnel	tunnel m
Umgebung	environs mpl
Unterführung	passage souterrain m
verändern	transformer
Veränderung	changement m
Viertel	quartier m
Vorort	banlieue m
Vorstadt	ville de banlieue f; faubourg m
Wohnviertel	quartier résidentiel m
zentral gelegen	en plein centre
Zentrum	centre m
Zoo, Tiergarten	zoo m

Gebäude   Bâtiments

Altersheim	maison de retraite f
Bahnhof	gare f
Bibliothek, Bücherei	bibliothèque f
Café	salon de thé m; café m
Denkmal	monument m
Discothek, Disco	discothèque f; F boîte f
Dom, Münster, Kathedrale	cathédrale f
Fremdenverkehrsamt	syndicat d'initiative m; office de tourisme m
Gasthaus	annexe (d'un hôtel) f
Gaststätte, Restaurant	restaurant m
Gebäude	édifice m; bâtiment m
Gefängnis	prison f
Geschäft	commerce m
Hotel	hôtel m

Justizpalast	palais de justice m
Kaserne	caserne f
Kaufhaus	grand magasin m
Kindergarten	jardin d'enfants m
Kino	cinéma m
Kinderkrippe	crèche f
Kirche	église f
Klinik	clinique f
Kloster	couvent m
Kneipe	café m
Krankenhaus	hôpital m
Laden	magasin m
Lokal	café m; restaurant m
Markthalle	halles fpl
Museum	musée m
Oper	opéra m
Palast	palais m
Polizeirevier	commissariat m
Polizeiwache	poste de police m
Postamt	poste f
Rathaus	hôtel de ville m; mairie f
Schloß, Burg	château m, pl châteaux
Schule	école f
Schwimmbad	piscine f
Freibad	piscine en plein air f
Stadion	stade m
Theater	théâtre m
Universität	université f
Weinlokal	bar à vins m

7.2 Geschäfte und Einkaufen / Les magasins et les achats

Geschäfte / Magasins

Apotheke	pharmacie f
Bäckerei	boulangerie f
Blumenladen	magasin de fleurs m; fleuriste m
Buchhandlung	librairie f
Drogerie	droguerie f
Feinkostgeschäft	épicerie fine f; traiteur m
Fischgeschäft	poissonnerie f
Friseurladen	salon de coiffure m
Kaufhaus	grand magasin m
Konditorei	pâtisserie f

Lebensmittelgeschäft	épicerie f
Lederwarengeschäft	maroquinerie f
Metzgerei; Fleischerei	boucherie f; boucherie-charcuterie f
Parfümerie	parfumerie f
Schreibwarengeschäft	papeterie f
Selbstbedienungsladen	libre-service m
Supermarkt	supermarché m
Sportgeschäft	magasin d'articles de sport m
Tabakladen	bureau de tabac m
Weinhandlung	commerce de vins m
Zeitungskiosk	kiosque (à journaux) m

Einkaufen / Les achats

Abteilung	rayon m
Die Bekleidungsabteilung befindet sich im 2. Stock.	Le rayon confection se trouve au 2ème étage.
Abteilungsleiter	chef de rayon m
anprobieren	essayer
anstellen, sich	faire la queue
Artikel	article m
Auslage	étalage m
auspacken	déballer
ausstatten	équiper
ausstellen, auslegen	exposer
Auswahl	choix m
billig	bon marché; pas cher, chère
einkaufen	acheter, faire des courses
Einkaufswagen	caddie m
Etikett	étiquette f
Größe	taille f
Welche Größe haben Sie?	Quelle est votre taille?, Vous faites du combien?
Schuhgröße	pointure f
Ich habe Schuhgröße 38.	Je chausse, je fais du 38.
Kasse	caisse f
Kassenzettel	ticket de caisse m
Kassierer(in)	caissier m, caissière f
Katalog	catalogue m
kaufen	acheter

Käufer(in)	client(e) m(f); acheteur m
kosten	coûter
Kühlanlage	installation frigorifique f
Kunde, Kundin	client(e) m(f)
Kundschaft	clientèle f
Marke	marque f
Markenartikel	article de marque m
Preis	prix m
preisgünstig	avantageux, -euse
Qualität	qualité f
Regal	étagère f
Rolltreppe	escalier mécanique m, escalator m
Schaufenster	vitrine f
Schlußverkauf	soldes fpl
Schuhgröße	pointure f
Selbstbedienungs- laden	libre-service m
Sommerschluß- verkauf	soldes d'été fpl
Sonderangebot	promotion f; offre spéciale f
Strichkode	code-barres m
teuer	cher, chère
Umkleidekabine	cabine d'essayage f
umtauschen	échanger
verkaufen	vendre
Verkäufer(in)	vendeur m, ven- deuse f
verpacken	emballer
Verpackung	emballage m
Versandhaus	magasin de vente par correspondance m
Ware	marchandise f
Reduzierte Ware ist vom Umtausch aus- geschlossen.	Les articles soldés ne sont ni repris ni échangés.
Winterschlußverkauf	soldes d'hiver fpl
zahlen	payer

7.3 Stadtver- waltung

Administration municipale

Arbeitserlaubnis	permis de travail m
Aufenthaltsgenehmi- gung	permis de séjour m
Ausweis	pièce d'identité f

Baugenehmigung	permis de construire m
beantragen	faire une demande de
Behörde	administration f; service admini- stratif m
Bescheinigung	certificat m
bestätigen	confirmer
Bestätigung	confirmation f
Brand	incendie m; feu m
in Brand stecken	mettre le feu à
Bürgermeister	maire m
Einwohnermeldeamt	bureau de déclaration de résidence m
Feuerwehrauto	voiture des pom- piers f
Feuerwache	caserne des pom- piers f
Feuerwehr	pompiers mpl
Feuerwehrleiter	échelle d'incendie des pompiers f
Feuerwehrmann	pompier m
Flächennutzungsplan	plan d'occupation des sols (P.O.S.) m
Finanzamt	perception f
Formular	formulaire m
ein Formular aus- füllen	remplir un formulaire
Führerschein	permis de con- duire m
Fundbüro	bureau des objets trouvés m
Geburtsurkunde	acte de naissance m
Genehmigung	autorisation f
Gesundheitsamt	services de l'hygiène publique mpl
Grundbuchamt	cadastre m
Gültigkeit	validité f
Heiratsurkunde	acte de mariage m
Kennzeichen, besondere	signes particu- liers mpl
Müllabfuhr	service de voirie m
Müllmänner	éboueurs mpl
Müllwagen	benne à ordures f
Nachweis	preuve f; pièce justificative f
nachweisen	prouver, justifier
öffentliche Sicherheit	sécurité publique f
Personalausweis	carte d'identité f
Personenbeschreibung	signalement m

Reisepaß, Paß	passeport m
einen Paß ausstellen	délivrer un passeport
Mein Paß ist abgelaufen.	Mon passeport est périmé.
Sprengwagen	arroseuse f
Stadtbauamt	direction de l'équipement f
städtebauliche Bebauung	aménagement urbain m
Städteplanung	urbanisme m
Stadtrat	conseiller municipal m, conseillère municipale f
Stadtverwaltung	administration municipale f; services municipaux mpl
Stadtwerke	EDF f , GDF m
Standesamt	service de l'état civil m
Sterbeurkunde	acte de décès m
Straßenarbeiten	travaux (de voirie) mpl
Straßenbauamt	Ponts et Chaussées mpl
Straßenbeleuchtung	éclairage des rues m
Straßenreinigung	service de nettoiement des rues m
Stromversorgung	alimentation en électricité f
Unterschrift	signature f
Urkunde	document (officiel) m
Verlängerung	prolongation f
verwalten	administrer
Verwaltung	administration f
Visum	visa m
Wasserversorgung	alimentation en eau potable f
zuständig sein (für)	être responsable de
Zuständigkeit	compétence f, attributions fpl
Zuständigkeitsbereich	ressort m

7.4 Post- und Fernmeldewesen
Poste et télécommunications

Postwesen
La poste

Absender	expéditeur m
Adresse	adresse f
Brief	lettre f
Eilbrief	lettre par exprès f
Einschreibebrief	lettre recommandée f
Einschreibebrief mit Rückschein	lettre recommandée avec accusé de réception f
Briefkasten	boîte aux lettres f
Briefkastenleerung	levée (du courrier) f
Briefmarke	timbre m
Briefträger(in)	facteur m, factrice f
Briefumschlag	enveloppe f
Drucksache	imprimé m
Eilsendung	envoi exprès m
Empfänger(in)	destinataire m, f
Einlieferungsschein	récépissé m
frankieren; freimachen	affranchir
Nachgebühr	surtaxe f
Paket	colis m
Päckchen	petit paquet m
per Einschreiben; eingeschrieben	(en) recommandé
per Lufpost	par avion
per Nachnahme	contre remboursement
Porto	affranchissement m; port m
Porto bezahlt	port payé
Post	poste f; courrier m
Ich gehe zur Post.	Je vais à la poste.
Schicken Sie die Unterlagen mit der Post.	Envoyez les documents par la poste.
Es gibt heute keine Post.	Il n'y a pas de courrier aujourd'hui.
mit getrennter Post	sous pli séparé
Postamt	(bureau m de) poste f
Postbank	Chèques postaux mpl
Postbeamter, -beamtin	employé(e) m(f) des postes
Postanweisung	mandat postal m
Postfach	boîte postale (B.P.) f
Postgirokonto	compte courant postal m
Postkarte	carte postale f
Postkarte mit Rückantwort	carte-réponse f

Postkasten	boîte aux lettres f	Auskunft	renseignements mpl
postlagernd	poste restante	besetzt	occupé
Postleitzahl	code postal m	Fax	fax m; télécopie f
Postschalter	guichet m	faxen	faxer; télécopier
Postscheck	chèque postal m	Faxgerät	fax m; télécopieur m
Postscheckkonto	CCP (compte chèque postal) m	Fernabfrage	interrogateur à distance m
Postsendung	envoi postal m	Fernmeldenetz	réseau des télécom-munications m
Postsparbuch	livret d'épargne postale m	Fernmeldewesen	télécommunica-tions fpl
Poststempel	cachet de la poste m	Freiton, Freizeichen	tonalité f (signalisant que la ligne est libre)
postwendend	par retour du courrier		
Postwesen	poste f		
Postwurfsendung	envoi postal collec-tif m	Funkdienst	service de liaison radio m
Postzustellung	distribution du courrier f	Gebühreneinheit	unité de communi-cation f
senden, schicken	envoyer	Gespräch	communication f
Sendung	envoi m	Ferngespräch	communication interurbaine f
Nachnahmesendung	envoi contre remboursement m	Ortsgespräch	communication urbaine f
sortieren	trier	Hörer	combiné m
Tarif	tarif m	BTX (Bildschirmtext)	minitel m
versenden, ver-schicken	expédier	Leitung	ligne f
Zahlkarte	mandat-carte m	Die Leitung ist besetzt.	La ligne est occupée.
		Die Leitung ist unterbrochen.	La ligne est coupée.

Fernmeldewesen | ## Les télécommunica-tions

abnehmen	décrocher
Anruf	appel m, F coup de fil m
anrufen	téléphoner, appeler, F passer un coup de fil
Hallo! Hier ist Suzanne.	Allô, c'est Suzanne.
Wer spricht, bitte?	Qui est à l'appareil?
Anrufbeantworter	répondeur (automa-tique) m
Apparat	appareil m
Bitte bleiben Sie am Apparat.	Ne quittez pas.
Anschluß	raccordement m; ligne f
Hauptanschluß	ligne principale f
Nebenanschluß	poste secondaire m
Kein Anschluß unter dieser Nummer.	Ce numéro n'est pas en service.
auflegen	raccrocher

Nebenstelle	poste m
Schalter	guichet m
Störung	dérangement m
Störungsannahme	réclamations fpl
Telefon	téléphone m
Mobiltelefon	téléphone mobile m
Telefonauskunft	(service m des) renseigne-ments mpl
Telefonbuch	annuaire m
Branchentelefonbuch, Gelbe Seiten	pages jaunes fpl
Telefongebühr	tarif de la communi-cation f
telefonisch	téléphonique
Telefonkarte	télécarte f
Telefonnummer	numéro de télé-phone m
Durchwahlnummer	numéro de poste m
Telefonverbindung	liaison téléphonique f

Telefonzentrale	standard m
Telefonzelle	cabine téléphonique f
Telegramm	télégramme m
ein Telegramm auf- geben	envoyer un télégramme
Telekom	service des télécom- munications m
Telekommunikation	télécommunica- tions fpl
verbinden	passer qn (au téléphone)
Verbinden Sie mich bitte mit Herrn Klein.	Passez-moi M. Klein s.v.p.
Tut mir leid, Sie sind falsch verbunden.	Désolé, vous avez un mauvais numéro.
Vorwahl	indicatif m
wählen	composer un numéro
Sie können durch- wählen.	Vous pouvez faire le numéro directe- ment.
Wählton	tonalité f
verwählen, sich	se tromper de numéro
Weckdienst	service de réveil (par téléphone) m
zurückrufen	rappeler
warten	attendre
Bitte warten Sie.	Restez en ligne s.v.p.

7.5   Das Dorf   Le village

Dorf	village m
auf dem Dorf	au village
Dorfbewohner(in)	villageois(e) m(f)
Dorfgemeinde	commune rurale f
dörflich	villageois
Dorfkirche	église du village f
Dorfplatz	place du village f
Dorfschule	école du village f
Festhalle	salle des fêtes f
Flurbereinigung	remembrement m
Gemeindehaus	mairie f
Gemeinderat	conseil municipal m
Gemeinschaft	communauté f
Genossenschaft	coopérative f
Glocke	cloche f
Gutsbesitzer	propriétaire terrien m
Imker	apiculteur m

Land	campagne f
auf dem Land wohnen	habiter à la campagne
Landarbeiter	ouvrier agricole m
Landflucht	exode rural m
Landgut	propriété f; terres fpl
Landleben	vie à la campagne f
ländlich	rural
Landwirt(in)	agriculteur m, -trice f
Landwirtschaft	agriculture f
landwirtschaftlich	agricole
landwirtschaftlicher Betrieb	exploitation agricole f
Ortschaft	localité f
Pfarrer (katholischer)	curé m
evangelischer Pfarrer	pasteur m
Pfarrhaus	presbytère m
Wasserturm	château d'eau m
Wegweiser	panneau indicateur m
Weiler	hameau m, pl hameaux
Wirtshaus	auberge f

7.6   Der Bauernhof und die land- wirtschaft- liche Arbeit   La ferme et les travaux agricoles

Acker	champ m
Anbau	culture f
anbauen; pflanzen	planter
Bauer, Bäuerin	paysan m, paysanne f; fermier m, fermière f
Bauernhof	ferme f
Ferien auf dem Bauerhof	vacances à la ferme fpl
Baumsäge	tronçonneuse f
Baumschule	pépinière f
Beet	parterre m
beschneiden	tailler
bewässern	irriguer
Bewässerung	irrigation f
Bienenzucht	apiculture f
biologisch	biologique
düngen	engraisser, fumer
Dünger	engrais m
Ernte	récolte f

Mißernte	mauvaise récolte f
ernten	récolter
Faß	fût m; tonneau m, pl tonneaux
Feld	champ m
Feldarbeit	travaux des champs mpl
Forstwirtschaft	sylviculture f
fruchtbar	fertile
Garten	jardin
Gemüsegarten	jardin potager m
Geräteschuppen	remise f
Getreideanbau	cultures céréalières fpl
Getreideernte	moisson f
gießen	arroser
Gießkanne	arrosoir m
Heu	foin m
Heuboden	grenier à foin m
Hof	cour f
Hühnerfarm	élevage de poulets, de poules m
Mähdrescher	moissonneuse-batteuse f
mähen	faucher
mästen	engraisser
Melkmaschine	trayeuse f
melken	traire
Mist	fumier m
Misthaufen	tas de fumier m
Obsternte	cueillette des fruits f
Obstgarten	verger m
pflücken	cueillir
Pflug	charrue f
pflügen	labourer
Rechen	râteau m, pl râteaux
roden	défricher
säen	semer
Schaufel	pelle f
Scheune	grange f
Scholle	motte f
Schubkarre	brouette f
Sense	faux f
Sichel	faucille f
Silo	silo m
Spaten	bêche f
Stall	*Kuhstall* étable f; *Pferdestall* écurie f
Stroh	paille f
Taubenschlag	pigeonnier m
Teich	mare f
Traktor	tracteur m
Tränke	abreuvoir m
Treibhaus	serre f
trockenlegen	assécher
Viehzucht	élevage m
wachsen	pousser
Weide	pâturage m
Weinbau	viticulture f
Weingegend	région de vignobles f
Weinlese	vendanges fpl
Weinlese halten	faire les vendanges
Weinrebe	vigne f
Wiese	prairie f, pré m
Winzer(in)	viticulteur m, -trice f
Zaun	clôture f
Ziehbrunnen	puits m
züchten	élever
Züchter	éleveur m

8 | Verkehr | Les transports

8.1 Straßenverkehr | La circulation routière

abbiegen	tourner
links, rechts abbiegen	tourner à gauche, à droite
abblenden	mettre en codes
Abblendlicht	codes mpl
Ampel	feu m
Die Ampel ist gelb.	Le feu est à l'orange.
anhalten	s'arrêter
aufblenden	mettre en phares
mit aufgeblendeten Scheinwerfern	rouler pleins phares
ausscheren	déboîter
Autofahrer(in)	automobiliste m(f)
beleuchten	éclairer
beschleunigen, Gas geben	accélérer
bremsen	freiner
Busfahrer	conducteur de bus m
Du bist bei Rot gefahren.	Tu es passé au feu rouge.
fahren	rouler; conduire; circuler
Wir sind drei Stunden gefahren.	Nous avons roulé trois heures.
Karl fährt gut.	Karl conduit bien.
Langsame Fahrzeuge rechts fahren.	Véhicules lents, serrez à droite.
vorwärts fahren	avancer
rückwärts fahren	reculer
Fahrer(in)	conducteur m, -trice f; chauffeur m
Fernfahrer	routier m
Fernverkehr	trafic longue distance m
Führerschein	permis de conduire m
Fußgänger	piéton m
Geschwindigkeit	vitesse f
Höchstgeschwindigkeit	vitesse maximum f
Geschwindigkeitsbegrenzung	limitation de vitesse f
Geschwindigkeitsüberschreitung	excès de vitesse m
Glatteisgefahr	verglas fréquent m
Güterverkehr	trafic marchandises m
Halteverbot, Parkverbot	stationnement interdit m
hupen	klaxonner
Kraftfahrzeugschein	carte grise f
Kreisverkehr	sens giratoire m
lahmlegen	bloquer; paralyser
Lastwagenfahrer	chauffeur de poids lourd m; camionneur m
Motorradfahrer	motocycliste m
Nahverkehr	trafic de banlieue m
öffentliche Verkehrsmittel	transports publics mpl
parken	stationner; garer
Parkscheibe	disque de stationnement m
Parkuhr	parcmètre m
Pendelverkehr	navette f
Personenverkehr	trafic voyageurs m
Fahrrad	vélo m, bicyclette f
radfahren	faire du vélo
Radfahrer(in)	cycliste m, f
rechts einordnen	prendre la file de droite
schleudern	déraper
Sichtweite	visibilité f
Stoßzeiten, Hauptverkehrszeit	heures de pointe fpl
Strafzettel	procès-verbal (PV) m
Straßenlage	tenue de route f
Tempo	allure f; vitesse f
überfahren	écraser
überfahren werden	se faire écraser
überholen	doubler; dépasser
links überholen	doubler à gauche
Überholverbot	interdiction de dépasser f
überqueren	traverser
überschlagen, sich	faire un tonneau
umdrehen	faire demi-tour
umfahren	renverser
Umleitung	déviation f
Umweg	détour m
Verkehr	circulation f; trafic m
dichter, starker Verkehr	circulation dense
fließender Verkehr	circulation fluide
zähflüssiger Verkehr	ralentissements mpl
Verkehrsader	axe routier m; artère f

Verkehrsmittel	moyens de transport mpl	rechte Fahrspur	file de droite f
Verkehrsordnung	code de la route m	Überholspur	voie de dépassement f
Verkehrsschild	panneau de signalisation m	Gabelung	bifurcation f
Verkehrsstau	embouteillage m, bouchon m	Graben	fossé m
		Kreuzung	carrefour m; croisement m
Verkehrsunfall	accident de la circulation m	Kurve	virage m
versperren	bloquer	Mittelstreifen	bande médiane f
vorbeifahren (an)	passer (devant/à côté/près de)	Seitenstreifen	bande latérale f
		Parkplatz	parking m
Vorfahrt	priorité f	Rastplatz	aire de repos f
rechts vor links	priorité à droite f	Raststätte (mit Tankstelle)	aire de service f; restoroute m
Zebrastreifen	passage pour piétons m; passage clouté m	Ring	périphérique m
		Straße	rue f
zurückschalten	rétrograder	Bundesstraße	route nationale f
Zusammenstoß	collision f	Einbahnstraße	rue à sens unique f
leichter Zusammenstoß	accrochage m	Küstenstraße	route de côte f
		Fernstraße	grande route f
zusammenstoßen	entrer en collision	Landstraße	route départementale f
		Schnellstraße	voie rapide f; voie express f

Straßennetz — Le réseau routier

Autobahn	autoroute f	Umgehungsstraße	rocade f
Autobahnauffahrt	entrée d'autoroute f	Straßennetz	réseau routier m
Autobahnausfahrt	sortie d'autoroute f	Straßenverkehr	circulation routière f
Autobahndreieck	échangeur (d'autoroute) m	Weg	chemin m; voie f
		öffentlicher Weg	voie publique f
Autobahngebühr	péage m	Feldweg	chemin vicinal m
Autobahnnetz	réseau autoroutier m	Fußweg	chemin réservé aux piétons m
Autobahnstrecke	tronçon d'autoroute m		
		Fahrradweg	piste cyclable f
Autobahnzubringer	bretelle d'accès f		
Autobahnkreuz	échangeur m		
Bushaltestelle	arrêt d'autobus m		
Fahrbahn	chaussée f		
asphaltiert	asphalté		
(un)befahrbar	(im)praticable; (non) carossable		

Fahrzeugtypen — Les types de véhicules

befahren	fréquenté	Autobus	bus m
breit	large	Fahrrad	bicyclette f; vélo m
gepflastert	pavé	Fahrzeug	véhicule m
gesperrt	barré	Nutzfahrzeug	véhicule utilitaire m
schmal	étroit	Geländewagen	quatre-quatre f (4 x 4)
geteert	goudronné		
Fahrspur; Spur	voie f; file f	Gebrauchtwagen	voiture d'occasion f
mehrspurig	à plusieurs voies	Kleintransporter	camionnette f
vierspurig	à quatre voies	Kombiwagen	break m
		Lastwagen	camion m
		Lieferwagen	camionnette f
		Moped	vélomoteur m
		Motorrad	moto f

Motorroller	scooter m	Handbremse	frein à main m
Reisebus	car m	Hinterrad	roue arrière f
Wagen	voiture f	Hupe	klaxon m
Sportwagen	voiture de sport f	Karosserie	carosserie f
Taxi	taxi m	Katalysator	pot catalytique m
Wohnmobil	camping-car m	Keilriemen	courroie f
Zweirad	deux-roues m	Kofferraum	coffre m
		Kolben	piston m
Fahrzeug	**Le véhicule**	Kopfstütze	appuie-tête m
		Kotflügel	aile f
abschleppen	remorquer	Kühler	radiateur m
Abschleppseil	câble de remor-	Kupplung	embrayage m
	quage m	Lenkrad	volant m
Abschleppwagen	dépanneuse f	Lichtmaschine	dynamo f
Achse	essieu m, pl essieux	Mechaniker	mécanicien m
Anhänger	remorque f	Motor	moteur m
Anlasser	démarreur m	Motor abstellen	arrêter le moteur
Armaturenbrett	tableau de bord m	Motor anlassen	mettre le contact
aufpumpen	gonfler	Motorhaube	capot m
Auspuff	pot d'échappe-	Motoröl	huile (à moteur) f
	ment m	Normalbenzin	ordinaire m
Autotelefon	téléphone de	Nummernschild	plaque minéra-
	voiture m		logique f
Autotür	portière f	Ölstand	niveau d'huile m
Autowerkstatt	garage m	Ölstand prüfen	vérifier le niveau
Autozubehör	accessoires d'auto-		d'huile
	mobile mpl	Ölwechsel	vidange f
Batterie	batterie f	Panne	panne f
Benzin	essence f	Pannendienst	service de dépan-
Benzinpumpe	pompe à essence f		nage f
Benzintank	réservoir m	Pedal	pédale f
bleifreies Benzin	essence sans plomb f	Platten, Reifenpanne	crevaison f
Benzinverbrauch	consommation	Wir haben einen	On a crevé.
	d'essence f	Platten gehabt.	
Blinker	clignotant m	platzen	crever; éclater
Bremse	frein m	Pleuelstange	bielle f
Brennstoff	carburant m	prüfen, nachsehen	vérifier
defekt	défectueux, -euse	Rad	roue f
Diesel(kraftstoff)	gazole m	Reifen	pneu m
Ersatzteil	pièce de rechange f	Reifendruck	pression des pneus f
Fahrgestell	châssis m	Reparatur	réparation f
Federung	suspension f	reparieren	réparer
Fernlicht	phares mpl	Reserverad	roue de secours f
Gang	vitesse f	Rücklicht	feu arrière m
den ersten Gang	passer en première	Rückspiegel	rétroviseur m
einlegen		Rückwärtsgang	marche arrière f
Gangschaltung	changement de	Schalthebel	levier de vitesse m
	vitesse m	Scheibenwischer	essuie-glace m
Gaspedal	accélérateur m	Scheinwerfer	phare m
Getriebe	boîte de vitesses f	Schmiermittel	lubrifiant m

Sturzhelm	casque m
Sicherheitsgurt	ceinture de sécurité f
Er war nicht angeschnallt.	Il n'avait pas attaché sa ceinture.
Sitz	siège m
Beifahrersitz	siège avant à droite m
Rücksitz	banquette arrière f
Stoßstange	pare-choc m
Super	super m
tanken	prendre de l'essence
Volltanken, bitte!	Le plein s.v.p!
Tankstelle	station-service f
Tankwart	pompiste m, f
TÜV	service de contrôle technique m
Vergaser	carburateur m
Vorderrad	roue avant f
Wagenheber	cric m
Warnblinkanlage	signal de détresse m
Warndreieck	triangle de présignalisation m
Wartung	entretien m
Wartungsdienst	service d'entretien m
Windschutzscheibe	pare-brise m
Zentralverriegelung	verrouillage centralisé m
Zapfsäule	poste d'essence m
Zubehör	accessoires mpl
zurückschalten	rétrograder
Zündkerze	bougie f
Zündung	allumage m
Zündverteiler	delco m
Zylinder	cylindre

8.2 Bahnverkehr — Le trafic ferroviaire

abfahren	partir
Abfahrt	départ m
Abfahrtszeit	heure de départ f
Abteil	compartiment m
ankommen	arriver
Der Zug aus Hamburg kommt auf Gleis drei an.	Le train en provenance de Hamburg arrivera quai trois.
Ankunft	arrivée f
Ankunftszeit	heure d'arrivée f
Anschlußzug	correspondance f
Auskunftsschalter	guichet des renseignements m

aussteigen	descendre
Endstation, alles aussteigen!	Terminus, tout le monde descend!
Autoreisezug	train auto-couchettes m
Bahn	train m
Bahnbeamte(r)	employé(e) des chemins de fer m(f)
Bahnhof	gare f
Bahnhofshalle	hall de gare m
Bahnhofsvorsteher	chef de gare m
Bahnhofswirtschaft	buffet de la gare m
Bahnsteig	quai m
Bahnübergang	passage à niveau m
Bummelzug	omnibus m
D-Zug	train express m
durchfahren	ne pas s'arrêter; être direct
Eilzug	rapide m
einfahren	entrer en gare
einsteigen	monter dans le train
Einsteigen, bitte!	En voiture s.v.p.!
Eisenbahnbeamte(r)	employé(e) des chemins de fer m(f)
Eisenbahner	cheminot m
Eisenbahnnetz	réseau ferroviaire m
Endstation, alles aussteigen!	Terminus, tout le monde descend!
entgleisen	dérailler
entwerten	composter
fahren	voyager
Ich fahre oft mit dem Zug.	Je prends souvent le train.
Fahrgast	voyageur m, -euse f
Fahrkarte, Fahrschein	billet m
Erste Klasse	billet de première (classe)
Zweite Klasse	billet de seconde (classe)
eine Fahrkarte lösen	prendre un billet
Eine Fahrkarte nach Wien einfach.	Un aller simple pour Vienne.
Eine Rückfahrkarte nach Berlin.	Un aller et retour pour Berlin.
Fahrkartenautomat	distributeur de billets
Fahrplan	horaire m
Fahrpreisermäßigung	réduction f
Fahrscheinkontrolle	contrôle des billets m
Fahrt	voyage m
Gute Fahrt!	Bon voyage!

Fahrtstrecke	trajet m
Fensterplatz	place côté fenêtre f
Gang	couloir m
Gepäck	bagages mpl
Gepäckabfertigung	enregistrement des bagages m
Gepäckaufbewahrung	consigne f
Gepäckträger	porteur m
Gepäckwagen	chariot m
Gleis	voie f
gültig	valable
Gute Fahrt!	Bon voyage!
Güterbahnhof	gare de marchandises f
Güterzug	train de marchandises m
Hauptbahnhof	gare centrale f
Hinfahrt	aller m
IC-Zug	train rapide intervilles m
ICE, Hochgeschwindigkeitszug	T.G.V. m (train à grande vitesse)
Klimaanlage	climatisation f
Liegewagen	voiture-couchettes f
Liegewagenplatz	couchette f
Linie	ligne f
Lokführer	mécanicien m
Lokomotive	locomotive f
Minibarservice	voiture-bar f
mit der Bahn fahren	prendre le train
Monatskarte	carte mensuelle f
Nahverkehrszug	train de banlieue m
Netzkarte	carte d'abonnement f (pour une zone)
Nichtraucherabteil	compartiment non fumeurs m
Notbremse	signal d'alarme m
Personenzug	train de voyageurs m
Platz	place f
Rangierbahnhof	gare de triage f
Raucherabteil	compartiment fumeurs m
Reise	voyage m
reisen	voyager
Reisende(r)	voyageur m, -euse f
reserviert	réservé
Reservierung	réservation f
Rückfahrt	retour m
S-Bahn	RER m (Réseau Express Régional)

Schaffner, Zugbegleiter	contrôleur m
Schalter	guichet m
Schiene	rail m
Schlafwagen	wagon-lit m
Schließfach	consigne f
Schnellzug	rapide m
schwarzfahren	voyager sans billet
Sitzplatz	place assise f
Speisewagen	wagon-restaurant m
Tunnel	tunnel m
U-Bahn	métro m
umsteigen	changer de train
Verbindung	liaison f; communication f
verpassen, versäumen	manquer, rater
Verspätung	retard m
Wagen	voiture f; wagon m
warten	attendre
Wartesaal	salle d'attente f
Weiche	aiguillage m
Wochenkarte	carte hebdomadaire f
Zeitkarte	carte d'abonnement f; abonnement m
Zug	train m
Der Zug hat 10 Minuten Verspätung.	Le train a dix minutes de retard.
Zugfahrt	voyage en train m
Zugführer	chef de train m
Zugunglück	accident ferroviaire m
Zuschlag	supplément m

8.3 Schiffahrt — La navigation

An Bord	A bord
an Bord gehen	monter à bord
Mann über Bord!	un homme à la mer!
Anker	ancre f
vor Anker gehen	jeter l'ancre
anlaufen	faire escale, toucher le port
anlegen	accoster, aborder
auslaufen, ablegen	appareiller
ausschiffen	débarquer
Backbord	bâbord m
Binnenschiffahrt	navigation fluviale f
Boje	bouée f
Boot	bateau m, pl bateaux

Bug	proue f	Mast	mât m
Bullauge	hublot m	Matrose	matelot m
Dampfer	bateau à vapeur m	Mole	môle m; digue f
Deck	pont m	Passagier	passager m,
Dock	dock m		passagère f
einlaufen (in)	entrer dans le port	blinder Passagier	passager
einschiffen, sich	s'embarquer (pour)		clandestin m
(nach)		Passagierdampfer	paquebot m
Fähre	ferry-boat m	Pier	jetée f
fahren	naviguer	Reling	bastingage m
Fahrwasser	chenal m	Rettungsboot	canot de sauvetage m
Fischkutter	chalutier m	Ruderboot	canot m
Fischerhafen	port de pêche m	Rumpf	coque f
Flagge	pavillon m	Schiff	bateau m, pl bateaux
Flugzeugträger	porte-avions m		mpl; *Hochsee*
Fracht	fret m		navire m
Frachter	cargo m	Schiffahrt	navigation f
Freihafen	port franc m	Schiffsschraube	hélice f
Hafen	port m	Schlepper	remorqueur m
Hafenanlagen	installations	Schleuse	écluse f
	portuaires fpl	Schlingern	roulis m
Handelsschiff	navire marchand m	Schornstein	cheminée f
Heck	poupe f	Schraube	hélice f
Hochseeschiffahrt	navigation au long	seekrank werden	avoir le mal de mer
	cours f	Seemann	marin m
Jachthafen	port de plaisance m	Seemeile	mille marin m
Kai	quai m	Segel	voile f
Kajüte, Kabine	cabine f	Segelboot	voilier m
Kapitän	capitaine m	sinken; untergehen	couler; sombrer
kentern	chavirer	Sirene	sirène f
Kiel	quille f	Stampfen	tangage m
Koje	couchette f	Stapellauf	lancement d'un
Kommandant	commandant m		navire m
Kompaß	boussole f;	Steuer	barre f; gouvernail m
	compas m	Steuerbord	tribord m
Kran	grue f	steuern	piloter; tenir la barre
Kriegsschiff	navire de guerre m	stranden	échouer
Küstenschiffahrt	navigation côtière f	Tanker	pétrolier m
Laderaum	cale f	Tau	cordage m
Ladung	cargaison f	Tragflügelboot	hydrofoil m
Landungssteg	passerelle f	U-Boot	sous-marin m
Lastkahn	péniche f; chaland m	Untergang	naufrage m
Laufsteg	passerelle f	wenden	virer de bord
Leuchtturm	phare m	Werft	chantier naval m
Lotse	pilote m	Wrack	épave f
lotsen	piloter	Zwischendeck	entre-pont m
Lotsendienst	service de pilotage m		
Luftkissenboot	aéroglisseur m		
Mannschaft	équipage m		
Maschinenraum	salle des machines f		

8 Verkehr

8.4 Luftverkehr — Le trafic aérien

Abfertigungsschalter	guichet d'enregistrement m
abfliegen	s'envoler
Abflug	départ m
anfliegen	desservir
ankommen	arriver
Ankunft	arrivée f
anschnallen, sich	attacher sa ceinture
Anzeigetafel	tableau d'affichage des vols m
aussteigen	débarquer
Besatzung	équipage m
Bordkarte	carte d'embarquement f
Durchsage	annonce f; message m
einchecken	faire enregistrer
Gepäck	bagages mpl
Handgepäck	bagages à main mpl
Gepäck einchecken	faire enregistrer ses bagages
einsteigen	embarquer
Flug	vol m
Direktflug	vol direct m
Inlandflug	vol intérieur m
Mittelstreckenflug	vol moyen-courrier m
Langstreckenflug	vol long-courrier m
Nachtflug	vol de nuit m
Flughafen	aéroport m
Fluglinie	compagnie aérienne f
Flugsteig, Gate	porte d'embarquement f
Flugticket	billet d'avion m
Flugzeug	avion m
Großraumflugzeug	gros-porteur m
Hubschrauber	hélicoptère m
Linienmaschine	avion de ligne m
Maschine	avion m; appareil m
Paßkontrolle	contrôle des passeports m
Terminal	terminal m
Wasserflugzeug	hydravion m
Zollabfertigung	douane f
Zubringerbus	navette f

Flugverkehr — Le trafic aérien

abstürzen	s'écraser
Bordcomputer	calculateur de vol m
Cockpit	cockpit m
Fahrgestell	train d'atterrissage m
fliegen	voler; *Person* prendre l'avion
Wir sind nach Madrid geflogen.	Nous avons pris l'avion pour Madrid.
überfliegen	survoler
Flughafen	aéroport m
am Flughafen	à l'aéroport
Flughöhe	altitude (de vol) f
Flugingenieur	mécanicien navigant m
Flugkapitän	commandant de bord m
Flugstrecke	ligne aérienne f
Fluglotse	aiguilleur du ciel m
Flugpersonal	personnel navigant m
Flugplatz	aérodrome m; terrain d'aviation m
Flugverkehr; Luftverkehr	trafic aérien m
Flugzeug	avion m
Flugzeugentführung	détournement d'avion m
Flugzeugunglück	accident d'avion m
Kontrollturm	tour de contrôle f
Landebahn, Rollbahn	piste d'atterrissage f
landen	atterrir; se poser
Landeplatz	terrain d'atterrissage m
Landung	atterrissage m
Notlandung	atterrissage forcé m
Tragflügel	aile f
Zwischenlandung	escale f
Luftkorridor	couloir aérien m
Luftverkehr	trafic aérien m
Pilot	pilote m
Autopilot	pilotage automatique m
Rumpf	fuselage m
Schallmauer	mur du son m
Sicherheitsgurt	ceinture de sécurité f
Start	décollage m
Startbahn	piste d'envol f
startbereit, startklar	prêt à décoller
starten	décoller
steuern	piloter
Steward	steward m

Stewardeß	hôtesse de l'air f
Treibstoff	carburant m

8.5 Raumfahrt   L'astronautique

Abschuß, Start	lancement m
Abschußrampe	rampe de lancement f
Astronaut(in)	astronaute m, f
Außerirdischer	extraterrestre m
erforschen	sonder
ferngesteuert	télécommandé
fliegende Untertasse	soucoupe volante f
Flug ins All	vol spatial m
Flugbahn	trajectoire f
landen, auf dem Mond	alunir
Mondlandung	alunissage m
Rakete	fusée spatiale f
Raumfähre	navette spatiale f
Raumfahrer(in)	cosmonaute m, f; spationaute m, f
Raumfahrt	astronautique f; navigation spatiale f
Raumfahrzeug	engin spatial m
Raumforschung	recherche spatiale f
Raumkapsel	capsule spatiale f
Raumlabor, Spacelab	laboratoire spatial m
Raumstation	station orbitale f
Raumtransporter	navette spatiale f
Raumsonde	sonde spatiale f
Satellit	satellite m
Wettersatellit	satellite météorologique m
Sternwarte	observatoire m
Schwerelosigkeit	apesanteur f
Teleskop	télescope m
UFO	ovni m (objet volant non identifié)
umkreisen	graviter autour
Umlauf	révolution f
Umlaufbahn	orbite f
auf eine Umlaufbahn bringen	mettre sur orbite
Umlaufzeit	période de révolution f

aktiv	actif, -ive
amüsieren, sich	s'amuser
Ausflug	excursion f
ausgehen	sortir
Baden	baignade f
baden	se baigner
begeistern	enthousiasmer
beschäftigen, sich (mit)	s'occuper (de)
Beschäftigung	activité f; occupation f
Lesen ist ihre Lieblingsbeschäftigung.	La lecture est son occupation favorite.
entspannen, sich	se détendre
Entspannung	détente f
einladen	inviter
Einladung	invitation f
erholen (sich)	se reposer
Erholung	repos m
Freizeit	temps libre m, loisirs mpl
Hobby	distraction f; centre d'intérêt m
interessieren, sich (für)	s'intéresser (à)
interessant	intéressant
Jahrmarkt	fête foraine f
Karneval	carnaval m
Karussell	manège m
Karussell fahren	faire un tour de manège
Langeweile	ennui m
langweilen, sich	s'ennuyer
langweilig	ennuyeux, -euse
Picknick	pique-nique m
ein Picknick machen	faire un pique-nique, pique-niquer
unterhalten, sich	s'amuser, se distraire
Unterhaltung	distraction f, divertissement m
Veranstaltung	spectacle m
verbringen (Zeit)	passer son temps à
Er verbringt seine Zeit mit Basteln.	Il passe son temps à bricoler.
vergnügen, sich	s'amuser; se divertir
Vergnügung	amusement m; divertissement m
Vergnügungspark	parc de loisirs m
Volksfest	fête populaire f
Zauberkünstler	prestidigitateur m
Zirkus	cirque m
Zirkuszelt	chapiteau m, pl chapiteaux

9.1 Hobbys — Les distractions

Basteln	bricolage m
basteln, heimwerken	bricoler
Bastler(in), Heimwerker	bricoleur m, -euse f
Bilderrätsel	rébus m
kleben	coller
Kleber	colle f
Kreuzworträtsel	mots croisés mpl
Kreuzworträtsel lösen	faire des mots croisés
Lesen	lecture f
lesen	lire
sammeln	collectionner
Er sammelt Briefmarken.	Il fait collection de timbres.
Rucksack	sac à dos m
Sammler(in)	collectionneur m, -euse f
Sammlung	collection f
spazierengehen	se promener
Spaziergang	promenade f
Verein	association f
Wanderer	randonneur m
wandern	faire de la randonnée
Wanderung	randonnée f
Wanderweg	chemin m, sentier de randonnée m

Angeln — La pêche à la ligne

Angeln	pêche à la ligne f
Angel	canne à pêche f; ligne f
die Angel auswerfen	lancer la ligne
Angelhaken	hameçon m
angeln	pêcher à la ligne
Angler	pêcheur à la ligne m
(an)beißen	mordre
Blinker	cuiller f
fangen	prendre; attraper
Fangnetz	épuisette f
Fisch	poisson m
fischen	pêcher
Köder	appât m
Schwimmer	bouchon m

Fotografieren — La photo

Fotografieren	La photo
abziehen	tirer
Abzug	épreuve f
Aufnahme	photo f; prise de vue (caméra) f
aufnehmen	prendre en photo
Belichtung	temps de pose m; exposition f
Belichtungsautomatik	réglage automatique du temps de pose m
Belichtungszeit	temps de pose m
Bild	photo f
Farbbild	photo en couleur f
Schwarzweißbild	photo en noir et blanc f
Blitzgerät	flash m
Dia(positiv)	diapo(sitive) f
entwickeln	développer
Film	pellicule f; film m
filmen	filmer
Fotoalbum	album photo m
Fotoapparat, Kamera	appareil photo m
fotografieren	photographier; faire de la photo
Negativ	négatif m
Objektiv	objectif m
Selbstauslöser	déclencheur automatique m
vergrößern	agrandir
Vergrößerung	agrandissement m

Gartenarbeit — Le jardinage

Gartenarbeit	Le jardinage
anbauen	cultiver
Beet	parterre m
Blume	fleur f
Blumenerde	terreau m
Blumentopf	pot de fleurs m
Garten	jardin m
Gemüsegarten	potager m
gießen	arroser
Gießkanne	arrosoir m
Gras	herbe f
mähen	tondre
Pflanze	plante f
pflanzen	planter
Rasen	pelouse f
Rechen	râteau m, pl râteaux
Spaten	bêche f

Unkraut jäten	arracher les mauvaises herbes
Unkraut	mauvaises herbes fpl

Jagd — La chasse

Jagd	La chasse
Falle	piège m
eine Falle aufstellen	tendre un piège
Jagd	chasse f
auf die Jagd gehen	aller à la chasse
Falkenjagd	chasse au faucon f
Hetzjagd	chasse à courre f
Treibjagd	battue f
Jagdaufseher	garde-chasse m
Jagdgewehr	fusil de chasse m
Jagdhund	chien de chasse m
Jagdrevier	terrain de chasse m
Jagdsaison	saison de la chasse f; chasse f
Jagdschein	permis de chasse m
Jagdtasche	gibecière f
Jäger	chasseur m
Patrone	cartouche f
schießen	tirer
Schuß	coup de fusil m
Wild	gibier m

Tanzen — La danse

Tanzen	La danse
Ball	bal m
Ballett	danse classique f
Ballettschule	école de danse classique f
Maskenball	bal masqué m
Schritt	pas m
Tanz	danse f
jn zum Tanz auffordern	inviter qn à danser
Bauchtanz	danse du ventre f
Volkstanz	danse folklorique f
tanzen	danser
Tango tanzen	danser le tango
Tänzer(in)	danseur m, danseuse f
ein guter Tänzer sein	bien danser
Tanzfläche	piste de danse f
Tanzpaar	couple de danseurs m
Tanzstunde	cours de danse m
verkleiden, sich	se déguiser

9.2 Spiele — Les jeux

Billard	billard m
Billardkugel	boule de billard f
Billardtisch	table de billard f
Queue	queue de billard f
Boccia	jeu de boules m
Bowling	bowling m
Bridge	bridge m
Croupier	croupier m
Dame	jeu de dames m
Dame spielen	jouer aux dames
Einsatz	enjeu m; mise f
Feld	case f
geben	donner
Gegner	adversaire m
gewinnen	gagner
Gewinner(in)	gagnant(e) m(f)
Kegeln	jouer aux quilles
Kegelspiel	jeu m de quilles
Lotterieannahme	loterie f
Los	billet de loterie m
Haupttreffer	gros lot m
Lotto	loterie nationale f; loto m
Lottoschein	billet de loterie m
Lottoziehung	tirage m
Spiel	jeu m, pl jeux
Gesellschaftsspiel	jeu de société m
Glücksspiel	jeu de hasard m
Kartenspiel	jeu de carte m
Spielkarte	carte f (à jouer)
As	as m
Bube	valet m
Farbe	couleur f
Herz	cœur m
Karo	carreau m
König	roi m
Königin	reine f
Kreuz	trèfle m
Pik	pique m
Trumpf	atout m
austeilen	distribuer
mischen	battre
stechen	couper, prendre
Pferderennen	course de chevaux f
Roulette	roulette f
Schach	(jeu m d') échecs mpl
Schach spielen	jouer aux échecs
Schachbrett	échiquier m
Schachfiguren	pièces fpl d'un jeu d'échecs
Bauer	pion m
Läufer	fou m
König	roi m
Königin, Dame	reine f
Springer	cavalier m
Turm	tour f
schachmatt	échec et mat
Spielbank	casino m
spielen	jouer (à)
falsch spielen	tricher
um Geld spielen	jouer pour de l'argent
Spieler(in)	joueur m, -euse f
Falschspieler(in)	tricheur m, -euse f
Spielmarke, Jeton	jeton m
Spielregel	règle du jeu f
Beachten Sie die Spielregeln.	Respectez la règle du jeu.
Stein	pion m
verlieren	perdre
Verlierer(in)	perdant(e) m(f)
Wettbüro	P.M.U. (Pari Mutuel Urbain) m
Wette	pari m
Wetteinsatz	mise f
wetten	parier
Würfel	dé m
Würfelbecher	cornet à dés m
würfeln	jouer aux dés
Würfelspiel	jeu m de dés

9.3 Sport — Le sport

Abseits	hors-jeu m
Ausrüstung	équipement m
Bergführer	guide m
Entscheidungsspiel	match décisif m
Ergebnis	résultat m
Finale	finale f
Halbfinale	demi-finale f
Halbzeit	mi-temps f
Freistoß	coup franc m
Leistung	performance f
Liga	division f
Medaille	médaille f
Goldmedaille	médaille d'or f

Mannschaft	équipe f
Nationalmannschaft	équipe nationale f
Meister(in)	champion m, championne f
Weltmeister im Tennis	champion du monde de tennis
Meisterschaft	championnat m
Europameisterschaft	championnat d'Europe m
Weltmeisterschaft	championnat du monde m
Fußballweltmeister-schaft	Coupe du monde de football f
Niederlage	défaite f
Platz	place f
Pokal	coupe f
Preis	prix m
Rekord	record m
Weltrekord	record mondial m
einen Rekord aufstellen	établir un record
einen Rekord brechen	battre un record
Schiedsrichter	arbitre m
schlagen	battre
Frankreich hat Spanien 2 zu 0 geschlagen.	La France a battu l'Espagne 2 à 0.
Schuß	tir m; shoot m
Sieg	victoire f
siegen, gewinnen	gagner, l'emporter sur
Frankreich hat mit 3 zu 0 gegen Holland gesiegt.	La France l'a emporté sur la Hollande par 3 à 0.
Sieger(in)	gagnant(e) m(f); vainqueur m
Spiel; Wettspiel	match m
Freundschaftsspiel	match amical m
Länderspiel	match international m
Olympische Spiele	Jeux Olympiques mpl
Profi	pro m, f
spielen	jouer
Sport	sport m
Sportart	discipline sportive f
Sport treiben	faire du sport
Welchen Sport treiben Sie ?	Quel sport pratiquez-vous?
Sportler(in)	sportif m, sportive f

Berufssportler	professionnel(le) m(f)
sportlich	sportif, -ive
Sportplatz	terrain de sports m
Sportverein	club sportif m
Stadion	stade m
Teilnehmer(in)	participant(e) m(f)
Titel	titre m
Tor	but m
ein Tor schießen	marquer un but
das Tor verfehlen	manquer le but
Trainer	entraîneur m
trainieren	(s')entraîner
Training	entraînement m
unentschieden spielen	faire match nul
überlegen	supérieur
unterlegen	inférieur
verlieren	perdre
Verlierer(in)	perdant(e) m(f)
Turnier	tournoi m
Vorsprung	avance f
1 Punkt Vorsprung	un point d'avance
Wettkampf	compétition f; épreuve f
einen Wettkampf austragen	disputer une épreuve
Wettkämpfer(in)	concurrent(e) m(f)

Athletik — L'athlétisme

Athlet(in)	athlète m, f
Boxen	boxe f
boxen	boxer
Boxer	boxeur m
Gewichtheben	haltérophilie f
Gewichtheber	haltérophile m
Hindernisrennen	course d'obstacles f
Judo	judo m
Karate	karaté m
Kugelstoßen	lancer du poids m
Lauf	course f
Hürdenlauf	course d'obstacles f
Kurzstreckenlauf	course de vitesse f
Langstreckenlauf	course de fond f
Staffellauf	course de relais f
Marathonlauf	marathon m
laufen, rennen	courir
Läufer(in)	coureur m, coureuse f
Leichtathelik	athlétisme m

Ringen	lutte f
Freistilringen	lutte libre f
ringen (mit)	lutter (contre)
Ringer	lutteur m
Ringkampf	lutte f
Schwerathletik	haltérophilie f; lutte f
Springen	saut m
Sprung	saut m
Hochsprung	saut en hauteur m
Stabhochsprung	saut à la perche m
Weitsprung	saut en longueur m
springen	sauter
Springer(in)	sauteur m, -euse f
Start	départ m
Startblock	starting-block m
Werfen	lancer m
Diskuswerfen; Diskuswurf	lancer du disque m
Hammerwerfen; Hammerwurf	lancer du marteau m
Speerwerfen; Speerwurf	lancer du javelot m
Werfer(in)	lanceur m, -euse f
Wettrennen	course f
Zehnkampf	décathlon m
Ziel	arrivée f

Turnen — La gymnastique

Balken	poutre f
Barren	barres parallèles fpl
Kletterseil	corde lisse f
Reck	barre fixe f
Ringe	anneaux mpl
Salto	saut périlleux m
Seitpferd	cheval d'arçons m
turnen	faire de la gymnastique
am Barren turnen	faire des barres parallèles
eine Übung turnen	exécuter un exercice de gymnastique
Turnen; Gymnastik	gymnastique f
Turner(in)	gymnaste m, f
Turngeräte	agrès mpl
Turnhalle	gymnase m

Ballspiele — Les jeux de ballon et de balle

Ball	balle f; *meist größerer* ballon m
Baseball	base-ball m
Basketball	basket-ball m
Federball	badminton m
Fußball	football m
Fußballmannschaft	équipe de football f
Fußballplatz	terrain de football m
Fußballspieler	joueur de football m
Außenstürmer	ailier m
Innenstürmer	inter; intérieur m
Libero	libéro m
Mittelfeldspieler	milieu de terrain m
Stürmer	avant m
Tormann, Torwart	gardien de but m; goal m
Verteidiger	arrière m
Vorstopper	arrière m; défenseur central m
Golf	golf m
Golfplatz	terrain de golf m
Golfschläger	club de golf m
Golfspieler	golfeur m
Handball	hand-ball m
Netz	filet m
Hockey	hockey (sur gazon) m
Hockeyschläger	crosse f
Rugby	rugby m
Spielstand	score m
Tennis	tennis m
Tennisschläger	raquette f
Einzel	simple m
Doppel	double m
Tennisplatz	court de tennis m
Tischtennis	tennis de table m; ping-pong m
Volleyball	volley-ball m
Wasserball	water-polo m

Wassersport — Les sports nautiques

Boot, Schiff	bateau m, pl bateaux
Motorboot	bateau à moteur m
Ruderboot	canot m; barque f
Schlauchboot	bateau pneumatique m
Segelboot	voilier m

Tretboot	pédalo m
Floß	radeau m, pl radeaux
Jacht	yacht m
Kajak	kayak m
Kanu	canoë m
Kopfsprung	plongeon m
Kunstspringen	plongeon acroba- tique m
paddeln	pagayer
Rafting	rafting m
Regatta	régate f
Ruder	aviron m; rame f
Ruderer	rameur m
Rudern	aviron m
rudern	ramer
Schnorchel	tuba m
schnorcheln	nager sous l'eau avec un tuba
Schwimmbad	piscine f
Schwimmbahn	couloir m
Schwimmbecken	bassin m
Schwimmweste	gilet de sauvetage m
Schwimmen	natation f; nage f
Brustschwimmen	brasse f
Freistilschwimmen	nage libre f
Kraulen	crawl m
Rückenschwimmen	nage sur le dos f
Schmetterlingsstil	brasse papillon f
schwimmen	nager
Schwimmer(in)	nageur m,- euse f
Schwimmflosse	palme f
Segel	voile f
Segeln	voile f *(sport)*
segeln	faire de la voile
Sprungbrett	plongeoir m
Surfbrett	planche de surf f
Surfen	surf m
surfen	faire du surf
Tauchen	plongée f
tauchen	faire de la plongée
Taucher(in)	plongeur m,- euse f
Wasserski	ski nautique m
Wasserski laufen	faire du ski nautique
Wassersport	ski nautique m
Wettschwimmen	épreuve de natation f
windsurfen	faire de la planche à voile f
Windsurfer	véliplanchiste m, f
Windsurfing	planche à voile f

Wintersport — Les sports d'hiver

Abfahrt	descente f (à ski)
Eisbahn	patinoire f
Eishockey	hockey sur glace m
Eiskunstlauf	patinage artistique m
Eislaufen, Schlitt- schuh laufen	faire du patin à glace
Eisläufer(in)	patineur m, - euse f
Gondel	cabine f
Hütte	refuge m
Piste	piste f
Schlitten	luge f
Schlitten fahren, rodeln	faire de la luge
Schlittschuh	patin à glace m
Sessellift	télésiège m
Ski	ski m
Alpinski, Abfahrtski	ski alpin m
Langlaufski	ski de fond m
Skianzug	combinaison de ski f
Skibindung	fixation de ski f
Skifahren	faire du ski
Skifahrer(in)	skieur m,- euse f
Skilift; Schlepplift	remonte-pente m
Skistiefel	chaussure de ski f
Skistock	bâton de ski m
Wintersport	sport d'hiver m

Andere Sportarten — Autres sports

Autorennen	course automobile f
Bergsteigen	alpinisme m
bergsteigen	faire de l'alpinisme
Bergsteiger(in)	alpiniste m, f
Bogenschießen	tir à l'arc m
Drachenfliegen	deltaplane m
Fallschirmspringen	parachutisme m
Fechten	escrime m
fechten	faire de l'escrime
Fechter(in)	escrimeur m, -euse f
Flugschein	brevet de pilote m
Jogging	jogging m
Klettern	escalade f
alpines Klettern	varappe f
klettern	faire de l'escalade
Kunstfliegen	voltige aérienne f
Paragleiten	parapente m
Querfeldeinrennen	cyclo-cross m
Radfahren	cyclisme m
radfahren	faire du vélo

Radfahrer(in)	cycliste m, f
Radrennen	course cycliste f
Reiten	équitation f
reiten	faire du cheval, de l'équitation
Reiter(in)	cavalier m, cavalière f
Reitturnier	concours hippique m
Rennfahrer	coureur automobile m
Rollschuhe	patins à roulette mpl
Rollschuh laufen	faire du patin à roulettes
Schießen	tir m
Segel	vol à voile m
Segelflieger	planeur m
Seil	corde f
Seilschaft	cordée f
Skateboard	planche à roulettes f

9.4 Urlaub — Les vacances

Urlaub und Reisen — Vacances et voyages

Abenteuer	aventure f
abfahren	partir
Abreise	départ m
abreisen	partir en voyage
ankommen	arriver
Ankunft	arrivée f
Aufenthalt	séjour m
Ausland	étranger m
Er fährt oft ins Ausland.	Il va souvent à l'étranger.
auspacken	défaire ses valises
Ausreise	sortie d'un territoire f
Aussicht	vue f
Badeort	station balnéaire f
besichtigen	visiter
Besichtigung	visite f
buchen, reservieren	réserver
Der Flug nach Athen ist ausgebucht.	Le vol pour Athènes est complet.
Buchung, Reservierung	réservation f
Busfahrt	voyage en car m
Dolmetscher	interprète m, f
einheimisch	local; du pays

die einheimische Küche	la cuisine du pays
Einreise	entrée sur le territoire f
Für die Einreise wird ein Visum benötigt.	Pour entrer dans le pays il faut un visa.
entdecken	découvrir
Entdeckung	découverte f
erholen, sich	se reposer
Erholung	repos m
Fahrt	voyage m
Ferien	vacances fpl
Wir verbringen die Ferien am Meer.	Nous passons nos vacances à la mer.
Fremdenführer(in)	guide m, f
Fremdenverkehrsamt	syndicat d'initiative m
Führung	visite guidée f
gastfreundlich	hospitalier, -ière
Gegend	région f
Gepäck	bagages mpl
Hinfahrt	aller m
Impfpaß	carnet de vaccination m
Koffer	valise f
Kreuzfahrt	croisière f
Kur	cure f
Kurort	station thermale f
Land	pays m
Landkarte	carte f
malerisch	pittoresque
Meer	mer f
Mietauto	voiture de location f
packen	faire ses valises, ses bagages
Personalausweis	carte d'identité f
Pilgerfahrt	pélerinage m
Rast	halte f
rasten	faire une pause
Reise	voyage m
Individualreise	voyage individuel m
Geschäftsreise	voyage d'affaires m
Gruppenreise	voyage organisé m
Rundreise	circuit m
Studienreise	voyage d'études m
Weltreise	voyage autour du monde m
Reisebüro	agence de voyages f
Reiseleiter(in)	guide m, f (de groupe)

reisen	voyager
Reisepaß	passeport m
Reisetasche	sac de voyage m
Reiseunterlagen	documents de voyage mpl
Reiseveranstalter	voyagiste m; tour-opérateur m
Reiseziel	destination f
Rückfahrt	retour m
Rückkehr	retour de voyage m
Rucksack	sac à dos m
Ruinen	ruines fpl
Saison	saison f
außerhalb der Saison	hors saison
Hochsaison	pleine saison f
Sehenswürdigkeit	curiosité f; attraction f
Sonnenbad	bain de soleil m
Sonnenbrand	coup de soleil m
Spezialität	spécialité f
Stadtrundfahrt	visite guidée de la ville f
stornieren	annnuler
Strand	plage f
Tourismus	tourisme m
Massentourismus	tourisme de masse m
Tourist(in)	touriste m, f
typisch	typique
Urlaub	vacances fpl; congés mpl
Sie hat 30 Tage Urlaub pro Jahr.	Elle a 30 jours de congés par an.
in Urlaub fahren	partir en vacances
Urlauber(in)	vacancier m, vacancière f
Urlaubszeit	période des vacances f
verzollen	déclarer à la douane
Visum	visa m
Weg, Strecke	itinéraire m
Wintersportort	station de sports d'hiver f
zurückkehren	rentrer

Unterkunft — **Hébergement**

Aufzug	ascenseur m
Bedienung	service m
Bett	lit m
französisches Bett	grand lit m

Balkon	balcon m
Camping	camping m
Campingbus	camping-car m
Campingplatz	terrain de camping m
Empfang	réception f
Ferien auf dem Bauernhof	gîte rural m
Feriendorf	village de vacances m
Ferienlager (für Kinder)	colonie de vacances f
Ferienwohnung	maison de vacances f
Frühstück	petit déjeuner m
Gasthof	auberge f
gehen (auf)	donner sur
Unser Zimmer geht aufs Meer.	Notre chambre donne sur la mer.
Hotel	hôtel m
Es ist ein Drei-Sterne-Hotel.	C'est un hôtel trois étoiles.
Das Hotel ist ausgebucht.	L'hôtel est complet.
Luxushotel	hôtel de luxe m
Jugendherberge	auberge de jeunesse f
Kategorie	catégorie f
Komfort	confort m
mit allem Komfort	avec tout le confort
laut	bruyant
Luftmatratze	matelas pneumatique m
Pension	pension f
ein Zimmer mit Halbpension	une chambre en demi-pension
Vollpension	pension complète
Reklamation	réclamation f
reklamieren	faire une réclamation
ruhig	calme
Schlafsack	sac de couchage m
Schlüssel	clé f
übernachten	passer la nuit; coucher
Übernachtung	nuit (à l'hôtel) f
Unterkunft	hébergement m
WC	W.-C. mpl
Wohnmobil	camping-car m
Wohnwagen	caravane f
Zelt	tente f
im Zelt schlafen	coucher sous la tente
das Zelt abbauen	démonter la tente
das Zelt aufschlagen	monter la tente

zelten	camper; faire du camping	Zimmer frei	chambres à louer fpl
zentral gelegen	en plein centre	Zimmervermittlung	informations hôtel fpl; service d'hébergement m
Zimmer	chambre f		
Einzelzimmer	chambre individuelle		
Doppelzimmer	chambre pour deux personnes		

10.1 Verlagswesen L'édition

Buch **Le livre**

Absatz	paragraphe m
Anhang	appendice m
Abschnitt; Stelle	passage m
Anmerkung	annotation f
Auflage	tirage m
hohe Auflage	gros tirage f
begrenzte Auflage	tirage limité m
Wie hoch ist die Auflage?	Le tirage se monte à combien?
Neuauflage	réédition f
Ausgabe	édition f
Autor(in), Verfasser(in)	auteur m, f
Band	tome m
Bestseller	best-seller m
Bild	illustration f; photo f
binden	relier
Biographie	biographie f
broschiert	broché
Buch	livre m; F bouquin m
Bilderbuch	livre d'images m
Kinderbuch	livre pour enfants m
Taschenbuch	(livre de) poche m
Buchbinder	relieur m
Buchhandlung	librairie f
Buchhändler(in)	libraire m, f
Buchmesse	Foire du livre f
Comic	bande dessinée f
Dichtung	poésie f
Druck	impression f
drucken	imprimer
fett drucken	imprimer en caractères gras
kursiv drucken	imprimer en italique
Drucker	imprimeur m
Druckerei	imprimerie f
Druckfehler	faute d'impression f
durchgesehen und verbessert	revu et corrigé
Einband	reliure f
Einleitung; Einführung	introduction f
erscheinen	paraître
soeben erschienen	vient de paraître
Erscheinen	parution f
Erzählung	récit m
Exemplar	exemplaire m
Prüfexemplar	spécimen m
Format	format m
Fortsetzung; Folge	suite f
gebunden	relié
Gedicht	poème m
Geschichte	histoire f
herausgegeben von	publié par
Herausgeber(in)	*e-s Buches* éditeur m, -trice f; *e-r Zeitschrift* directeur m, -trice f de la publication
illustriert	illustré
Inhaltsverzeichnis	table des matières f; sommaire m
Kapitel	chapitre m
Korrekturfahne	épreuve f
lesen	lire
korrekturlesen	relire des épreuves
Leser(in)	lecteur m, -trice f
Leserzahl	nombre de lecteurs m
Literatur	littérature f
Literaturpreis	prix littéraire m
Märchen	conte m
Manuskript	manuscrit m
Memoiren	mémoires fpl
Nachdruck	réimpression f
nachschlagen (in)	consulter (un livre)
Novelle	nouvelle f
Prosa	prose f
Reihe	collection f
Reiseführer	guide m
Roman	roman m
Kriminalroman	roman policier m
Sammlung	recueil m
Schrift	caractères mpl
Blindenschrift	braille m
Seite	page f
setzen	composer
Setzer	typographe m
Schriftsteller(in)	écrivain m, femme écrivain f
Stelle	passage m
Stil	style m
Tagebuch	journal m
Titel	titre m
Text	texte m
umarbeiten	remanier
Urheberrecht	droits d'auteur mpl
verfassen	rédiger

vergriffen	épuisé
Verlag	maison d'édition f
Verleger(in)	éditeur m, éditrice f
Vers	vers m
Vertrieb	diffusion f
vollständig	complet, -ète
Vorwort	préface f
Widmung	dédicace f
Wörterbuch	dictionnaire m
Zeile	ligne f
Zitat	citation f
Zusammenfassung	résumé m
Zusammenarbeit	collaboration f
in Zusammenarbeit mit	en collaboration avec
Werk	œuvre f; ouvrage m
Nachschlagewerk	ouvrage de référence m
ausgewählte Werke	œuvres choisies fpl
das Gesamtwerk von Balzac	l'œuvre complète de Balzac

Presse

La presse

Abonnement	abonnement m
abonnieren	abonner
eine Zeitschrift abonnieren	être abonné à un journal
Amtsblatt	journal officiel m
Artikel	article m
Leitartikel	éditorial m
Ausgabe	édition f
Abendausgabe	édition du soir f
Die Abendausgabe ist im Druck.	L'édition du soir est sous presse.
Sonderausgabe	édition spéciale f
Beilage	supplément m
Bericht	reportage m
Berichterstatter(in)	reporter m, f
dabeisein	assister à
Fotograf(in)	photographe m, f
Information	information f
informieren	informer
Inserat; Anzeige	annonce f
inserieren	passer une annonce
Interview	interview f
Illustrierte	revue f; illustré m
Journalist(in)	journaliste m, f
Kolumne	chronique f
Kritik	critique f

Kritiker	critique m
kritisch	critique
kritisieren	critiquer
Leserbriefe	courrier des lecteurs m
Media	média m
Meinung	opinion f
Nachricht	information f; nouvelle f
Lokalnachrichten	informations régionales fpl
Presse	presse f
Boulevardpresse	presse à sensation f
Presseagentur	agence de presse f
Pressefreiheit	liberté de la presse f
Redaktion	rédaction f
Redakteur(in)	rédacteur m, -trice f
Chefredakteur	rédacteur en chef m
Reportage	reportage m
Rubrik	rubrique f
Schlagzeile	manchette f; gros titre m
Schlagzeilen machen	faire la une des journaux
Sensationsmeldung	scoop m
Serie	série f
Spalte	colonne f
Standpunkt	point de vue m
Stellenmarkt	offres d'emplois fpl
Stellung	position f
Stellung nehmen	prendre position
Thema	sujet m
Überschrift	titre m
verfassen	rédiger
veröffentlichen	publier (dans)
Veröffentlichung	publication f
Verschiedenes	faits divers mpl
Zeitschrift	revue f; périodique m
Frauenzeitschrift	magazine féminin m
Monatszeitschrift	revue mensuelle f
Wochenzeitschrift	revue hebdomadaire f; hebdomadaire m
Zeitung	journal m, pl journaux
Tageszeitung	quotidien m
Zeitungsartikel	article de journal m
Zensur	censure f
zusammenfassen	résumer

10.2 Rundfunk und Fernsehen
La radio et la télévision

Ansager(in), Sprecher(in)	présentateur m, -trice f
Antenne	antenne f
aufnehmen	enregistrer
ausschalten	éteindre
ausstrahlen	(radio)diffuser; téléviser
berichten	informer; relater
Bild	image f
Bildschirm	écran m
einschalten	allumer
Empfang	réception f
Fernbedienung	télécommande f
Fernsehen	télévision f; F télé f
im Fernsehen	à la télévison
fernsehen	regarder la télévision
Fernseher	téléviseur m
Fernsehfilm	téléfilm m
Fernsehserie	série télévisée f
Fernsehturm	tour de télévision f
Fernsehzuschauer(in)	téléspectateur m, -trice f
Funkturm	tour de radiodiffusion f
Hörer(in)	auditeur m, -trice f
Hörspiel	pièce radiophonique f
Kommentar	commentaire m
Korrespondent(in)	correspondant(e) m(f)
Auslandskorrespondent	correspondant à l'étranger m
Kurzwelle	onde courte f
Mittelwelle	onde moyenne f
Langwelle	onde longue f
UKW	F.M., modulation de fréquence f
Mikrofon	microphone m
Moderator(in)	animateur m, -trice f
Nachrichten	informations fpl
öffentlich-rechtlich	de droit public
Programm	chaîne f; programme m
Im 2. Programm gibt es einen guten Film.	Il y a un bon film sur la deuxième chaîne.
Radio	radio f
Radio hören	écouter la radio
Lautstärke	volume m
Rundfunk	radio(diffusion) f
Rundfunk- und Fernsehgebühr	redevance de l'audiovisuel f
Rundfunkgerät	poste récepteur m
Rundfunkprogramm	programme de radio m
senden	émettre
Sender	émetteur m
Sendung	émission f
Schulfunk	radio scolaire f; émissions scolaires fpl
Stimme	voix f
Störung	parasites mpl
Studio	studio m
Ich gebe zurück ins Studio.	Je vous rends l'antenne.
Ton	son m
Transistor	transistor m
übertragen	transmettre
durch Funk und Fernsehen übertragen	radiodiffusé et télévisé
Übertragung	retransmission f
Direktübertragung	transmission en direct f
Satellitenübertragung	transmission par satellite f
Zeitgeschehen	actualité f
Zuhörer(in)	auditeur m, -trice f
die Zuhörer	le public

10.3 Werbung
La publicité

Anzeige	annonce publicitaire f
Anzeigenseite	page publicitaire f
Werbeagentur	agence de communication, de publicité f
Werbeaktion	campagne publicitaire f
Werbeantwort	coupon-réponse m
Werbebotschaft	message publicitaire m
Werbefachmann, -fachfrau	publicitaire m, f
Werbefilm	film publicitaire m
Werbefläche	espace publicitaire m

Werbefernsehen	télévision commerciale f
Werbegeschenk	cadeau publicitaire m
Werbekampagne	campagne publicitaire f
werben für	faire de la publicité pour
Werbeplakat	affiche f
Werbespruch	slogan publicitaire m
Werbeträger	support publicitaire m
Werbespot	spot publicitaire m
Werbetext	texte publicitaire m
Werbewirksamkeit	impact publicitaire m
Werbung	publicité f; F pub f
Fernsehwerbung	publicité à la télévision
Rundfunkwerbung	publicité à la radio

10.4 Kunst — L'art

Bildende Kunst — Les arts plastiques

Begabung	don m
berühmt	célèbre
Besucher	visiteurs mpl; public m
Kreativität	créativité f
Kultur	culture f
Kunst	art m
Volkskunst	art populaire m
Kunstakademie	(école f des) Beaux-Arts mpl
Kunstausstellung	exposition f
Kunstgalerie	galerie d'art f
Künstler(in)	artiste m, f
künstlerisch	artistique
Kunstwerk	œuvre d'art f
Meisterwerk	chef-d'œuvre m
Museum	musée m
Sammlung	collection f
Stil	style m
Talent	talent m
Vernissage	vernissage m

Malerei und graphische Kunst — La peinture et les arts graphiques

abstrakt	abstrait

Aquarell	aquarelle f
Aquarellmaler(in)	aquarelliste m, f
Atelier	atelier m; studio m
Bild	peinture f; toile f
Bildnis	portrait m
einrahmen	encadrer
entwerfen	esquisser
Entwurf	esquisse f
Farbe	couleur f
Gouache	gouache f
Ölfarbe	peinture à l'huile f
Wasserfarbe	peinture à l'eau f
Farbenpalette	palette f
Gemälde	tableau m; peinture f
Ölgemälde	peinture à l'huile f
Wandgemälde	peinture murale f
Graphik	gravure f; illustration f
Holzschnitt	gravure sur bois f
Karikatur	caricature f
Kupferstich	gravure sur cuivre f; *gedrucktes Bild* estampe f
Leinwand	toile f
malen	peindre
Maler(in)	peintre m, f
Kunstmaler(in)	artiste peintre m, f
Malerei	peinture f
Höhlenmalerei	peinture rupestre f
Modell	modèle m
Sie hat ihm Modell gestanden.	Elle a posé pour lui.
Motiv	thème m
naiv	naïf, naïve
naturalistisch	naturaliste
Pastell	pastel m
Perspektive	perspective f
Pinsel	pinceau m, pl pinceaux
radieren	graver à l'eau forte
Radierung	eau-forte f
Rahmen	cadre m
Schattenbild	silhouette f
Seitenansicht	profil m
Skizze	esquisse f
skizzieren	faire une esquisse
Steindruck	lithographie f
Staffelei	chevalet m
Stilleben	nature morte f
Umriß	contour m

zeichnen	dessiner
Zeichner(in)	dessinateur m, -trice f
Zeichnung	dessin m
Federzeichnung	dessin à la plume m
Kohlezeichnung	dessin au fusain m
Tuschezeichnung	dessin au lavis m

Bildhauerei — La sculpture

Abguß	moulage m
bilden	façonner
Bildhauer(in)	sculpteur m, femme sculpteur f
Bildhauerei	sculpture
Bronzefigur	bronze m
Büste	buste m
Denkmal	monument m
erhaben	en relief
Firnis	vernis m
gießen	fondre; couler
Hochrelief	haut-relief m
Holzschnitzerei	sculpture sur bois f
lackieren	laquer
Marmor	marbre m
in Marmor gehauen	sculpté dans le marbre
Maske	masque m
Meißel	ciseau m
meißeln	travailler au ciseau
modellieren	modeler
Plastik	sculpture f
schnitzen	sculpter (sur bois)
Skulptur	sculpture f
Sockel	socle m
Statue	statue f
Statuette	statuette f; figurine f

Baukunst — L'architecture

Amphitheater	amphithéâtre m
Architekt(in)	architecte m, f
Architektur	architecture f
Baukunst	architecture f
Baumeister	ingénieur m du bâtiment
Baustil	style architectural m
Romanik	style roman m
romanisch	roman
Gotik	style gothique m

Spätgotik	style gothique flamboyant m
gotisch	gothique
Barock	style baroque m
Rokoko	style rococo m
Bogen	arc m; *e-r Brücke* arche f
Spitzbogen	ogive f
Triumphbogen	arc de triomphe m
Brüstung	balustrade f
Chor	chœur m
Dom, Kathedrale	cathédrale f
Fassade	façade f
Fensterrose, Rosette	rosace f
Freitreppe	escalier extérieur m
Fries	frise f
Galerie	galerie f
Gesims	corniche f
Gewölbe	voûte f
Grundriß	plan m
Kapitell	chapiteau m, pl chapiteaux
Kathedrale	cathédrale m
Kirche	église f
Kirchturm	clocher m
Kreuzgang	cloître m
Kuppel	coupole f; dôme m
Mosaik	mosaïque f
Obelisk	obélisque m
Pfeiler	pilier m
Strebepfeiler	contrefort m
Portal	portail m
Rundbau	rotonde f
Säule	colonne f
Säulengang	colonnade f
Schiff	nef f
Seitenschiff	bas-côté m
Querschiff	transept m
Stufe	marche f
Tempel	temple m
Turm	tour f
Verzierung	ornement m
Wasserspeier	gargouille f

10.5 Musik — La musique

Akkord	accord m
Alt	alto m
Bariton	bariton m

Baß(stimme)	basse f	Partitur	partition f
begleiten	accompagner	Quartett	quator m
Chor	chœur m	Rhythmus	rythme m
Dirigent	chef-d'orchestre m	Sänger(in)	chanteur m, -euse f
dirigieren	diriger	Opernsänger(in)	chanteur d'opéra m, cantatrice f
Ensemble	ensemble m		
Duett	duo m	Satz	mouvement m
Festspiele	festival m	Schlager	F tube m
Finale	final m	Sonate	sonate f
Fuge	fugue f	Symphonie	symphonie f
Gesang	chant m	Solist(in)	soliste m, f
Harmonie	harmonie f	Sopran, Sopranistin	soprano m, soprane f
Hymne	hymne m	Tempo	cadence f
Interpret(in)	interprète m, f	Tenor	ténor m
Kapelle	fanfare f	singen	chanter
Kantate	cantate f	spielen	jouer (de)
Klang	sonorité f	Geige spielen	jouer du violon
klassisch	classique	stimmen	accorder
Komponist	compositeur m	Stück	morceau m
Komposition	composition f	Takt	mesure f
Konzert	concert m	Ton	son m
Klavierkonzert	récital de piano m		
Lied	chanson f; chant m	**Tonleiter**	**La gamme**
Melodie	mélodie f	c	do, ut
melodisch	mélodieux, -ieuse;	ces	do bémol
Musik	musique f	cis	do dièse
Instrumentalmusik	musique instrumentale f	d	ré
		e	mi
Jazzmusik	jazz m	f	fa
Kammermusik	musique de chambre f	g	sol
		a	la
Kirchenmusik	musique religieuse f	h	si
klassische Musik	musique classique f	b	si bémol
Popmusik	musique pop f	Dur	(mode) majeur
Unterhaltungsmusik	musique légère f	Moll	(mode) mineur
Musical	comédie musicale f	Kreuz	dièse m
Musiker(in)	musicien m, -ienne f	B	bémol m
Musikhochschule	conservatoire de musique m		
		vertonen	mettre en musique
Note	note f	Virtuose, Virtuosin	virtuose m, f
Notenlinien	portée f	vortragen	exécuter
Notenpapier	papier à musique m		
Notenschlüssel	clé f	**Musikinstrumente und Instrumentalisten**	**Instruments de musique et instrumentistes**
Oper	opéra m		
Operette	opérette f		
Oratorium	oratorio m		
Orchester	orchestre m	Becken	cymbale f
die Münchner Philharmoniker	l'Orchestre philharmonique de Munich	Bogen	archet m
		Bratsche	alto m
Ouvertüre	ouverture f	Cellist(in)	violoncelliste m, f

Cello	violoncelle m
Cembalo	clavecin m
Fagott	basson m
Flöte	flûte f
Querflöte	flûte traversière f
Flügel	piano à queue m
Horn	cor m
Geige	violon m
Geiger(in)	violoniste m, f
Gitarre	guitare f
Harfe	harpe f
Harfenist(in)	harpiste m, f
Instrumentalist	instrumentiste m
Klarinette	clarinette f
Klarinettist	clarinettiste m, f
Klavier	piano m
Klavierspieler(in)	pianiste m, f
Kontrabaß	contrebasse f
Laute	luth m
Mandoline	mandoline f
Mundharmonika	harmonica m
Musikinstrument	instrument de musique m
Blasinstrument	instrument à vent m
Streichinstrument	instrument à cordes m
Schlaginstrument	instrument à percussion m
Tasteninstrument	instrument à clavier m
Oboe	hautbois m
Orgel	orgue m; *einer Kirche* grandes orgues fpl
Drehorgel	orgue de barbarie m
Orgelspieler(in)	organiste m, f
Pauke	grosse caisse f; timbale f
Posaune	trombone m
Saxophon	saxophone m
Schlagzeug	batterie f
Schlagzeuger	batteur m
Saite	corde f
Tastatur	clavier m
Taste	touche f
Trommel	tambour m
Trompete	trompette f
Trompeter	trompette m
verstimmt	désaccordé
Ziehharmonika	accordéon m

10.6 Veranstaltungen — Les spectacles

Theater — Le théâtre

abgehen	sortir de scène
Akt	acte m
anstellen, sich	faire la queue
aufführen, spielen	présenter, jouer une pièce
Aufführung	représentation f
Uraufführung	première f
auftreten	entrer en scène; entrée en scène f
Auftritt	entrée en scène f
Ausgang; Ende	fin f; dénouement m
auspfeifen	siffler; huer
ausverkauft	complet
Ballett	ballet m
Beifall	applaudissements mpl
Beifall klatschen	applaudir
Bühne	scène f
auf die Bühne bringen	mettre en scène
Freilichtbühne	théâtre en plein air m
Bühnenbild, Ausstattung	décors mpl; scénographie f
Bühnenbildner(in)	scénographe m, f
Choreograph	chorégraphe m, f
Choreographie	chorégraphie f
Eintrittskarte	billet m
Erfolg	succès m
Garderobe	vestiaire m
Handlung	action f
inszenieren	mettre en scène
Inszenierung	mise en scène f
Intendant(in)	directeur m, -trice f de théâtre
Kabarett	cabaret m
Kasse	caisse f
Kostüm	costume m
Kulisse	coulisse f
hinter den Kulissen	dans les coulisses
Lampenfieber	trac m
Matinee	matinée f
Opernhaus	opéra m
Pause	entracte m
Probe	répétition f
Generalprobe	répétition générale f
proben	répéter
Programm, Spielplan	programme m

auf dem Programm stehen	être au programme
Publikum	public m
Regie	mise en scène f
Regie führen	mettre en scène
Regisseur	metteur en scène m
Rolle	rôle m
Hauptrolle	rôle principal m
Nebenrolle	rôle secondaire m
Saal	salle f
Schauspiel	spectacle m
Schauspieler(in)	acteur m, actrice f
Souffleur, Souffleuse	souffleur m, - euse f
spielen	jouer, interpréter
Das Stück spielt in Paris.	La scène se passe à Paris.
Statist(in)	figurant(e) m(f)
Tänzer(in)	danseur m, -euse f; ballerine f
Tournee	tournée f
auf Tournee gehen	partir en tournée
Theater	théâtre m
Puppentheater	théâtre de marionnettes m
Theaterstück	pièce de théâtre f
Drama	drame m
Komödie	comédie f
Tragödie	tragédie f
Truppe, Ensemble	troupe f
Varieté	variétés fpl
Veranstaltung	spectacle m
Vorhang	rideau m
Vorstellung	représentation f
Zuschauer(in)	spectateur m, -trice f
Zuschauerraum	salle de spectacle f
Loge	loge f
Parkett	parterre m
Platz	place f
Rang	balcon m; *oberster* galerie f
Reihe	rang m

Filmkunst | Le cinéma

Breitwand	écran panoramique m
Breitwandfilm	cinémascope m
Film	film m
Dokumentarfilm	(film) documentaire m

Farbfilm	film en couleurs m
Fernsehfilm	téléfilm m
Kriminalfilm	film policier m
Kultfilm	film culte m
Kurzfilm	court métrage m
Science-fiction-Film	film de science-fiction m
Schwarzweißfilm	film en noir et blanc m
Spielfilm	long métrage m
Stummfilm	film muet m; cinéma muet m
Western	western m
Werbefilm	film publicitaire m
Zeichentrickfilm	dessin animé m
Filmindustrie	industrie du cinéma f
Filmkunst	cinéma m; septième art m
Filmmusik	musique de film f
Filmschauspieler(in)	acteur m, actrice f (de cinéma)
Filmstar	vedette de cinéma f
Kino	cinéma m
Er geht oft ins Kino.	Il va souvent au cinéma.
Kinobesucher	spectateur m, -trice f
Kinokarte	billet de cinéma m
laufen	passer; tenir l'affiche
Leinwand	écran m
Originalfassung	version originale (V.O.) f
Platzanweiserin	ouvreuse f
Vorstellung	séance f
Vorführer	projectionniste m
Vorführung	projection f
Titel	titre m
Untertitel	sous-titre m
O. m. U.	V.O. avec sous-titres f
Vorspann	générique m

Filmproduktion | La production cinématographique

Besetzung	distribution f
Cutter(in)	monteur m, -euse f
drehen	tourner
Der Film wurde in Mexiko gedreht.	Le film a été tourné au Mexique.
Dreharbeiten	tournage m

Drehbuch	scénario m	Kameraführung	cadrage m
Drehbuchautor(in)	scénariste m, f	Kameramann	caméraman m;
Einstellung	plan m		opérateur m
Filmaufnahme	prise de vue f	produzieren	produire
Außenaufnahmen	extérieurs mpl	mischen	mixer
Innenaufnahmen	intérieurs mpl	Mischpult	console de mixage f
Großaufnahme	gros plan m	Regie	réalisation f
Studioaufnahmen	tournage en studio m	Regieassistent(in)	assistant(e) m(f) du
Trickaufnahmen	effets spéciaux mpl		metteur en scène
Zeitlupenaufnahmen	ralenti m	Rückblende	flash-back m
Filmindustrie	industrie cinémato-	Skriptgirl	scripte f
	graphique f	Synchronisation	synchronisation f
Filmproduzent(in)	producteur m, -trice	synchronisieren	synchroniser
	f de cinéma	Szene	scène f
Filmregisseur(in)	metteur en scène;	Tonaufnahme	prise de son f
	réalisateur m,	Toningenieur	ingénieur du son m
	-trice f	Tontechniker(in)	preneur de son m
Filmstudio	studio de cinéma m	verfilmen	filmer, porter à
Geräuschkulisse	bruitage m		l'écran
Kamera	caméra f		

11 Erdkunde, Geschichte und Religion

La géographie, l'histoire et la religion

11.1 Erdkunde — La géographie

Meere und Ozeane — Mers et océans

Adria	l'Adriatique f
Atlantischer Ozean	l'Océan Atlantique m
Eismeer	la mer de Glace
Indischer Ozean	l'Océan Indien m
Mittelmeer	la Méditerranée
Nordsee	la mer du Nord
Ostsee	la mer Baltique
Pazifik	l'océan Pacifique m
Schwarzes Meer	la Mer Noire

Seen — Lacs

Bodensee	le lac de Constance
Comer See	le lac de Côme
Gardasee	le lac de Garde
Genfer See	le lac Léman
Vierwaldstätter See	le lac des Quatre-Cantons

Flüsse — Fleuves

Amazonas	l'Amazone f
Donau	le Danube
Ganges	le Gange
Garonne	la Garonne
Loire	la Loire
Maas	la Meuse
Memel	le Niemen
Mosel	la Moselle
Nil	le Nil
Rhein	le Rhin
Rhône	le Rhône
Seine	la Seine
Themse	la Tamise
Weichsel	la Vistule
Wolga	la Volga

Gebirge und Berge — Chaînes montagneuses et montagnes

die Alpen	les Alpes fpl
die Anden	les Andes fpl
der Atlas	l'Atlas m
der Ätna	l'Etna m
der Himalaja	l'Himalaya m
die Karpaten	les Carpathes fpl
der Kaukasus	le Caucase
das Matterhorn	le Cervin
die Pyrenäen	les Pyrénées fpl
der Schwarzwald	la Forêt Noire
der Ural	l'Oural m
der Vesuv	le Vésuve m
die Vogesen	les Vosges fpl

Einige europäische Städte — Quelques villes d'Europe

Aachen	Aix-la-Chapelle
Antwerpen	Anvers
Basel	Bâle
Bremen	Brême
Brügge	Bruges
Dover	Douvres
Florenz	Florence
Frankfurt	Francfort
Freiburg	Fribourg
Gent	Gand
Genf	Genève
Genua	Gênes
Hamburg	Hambourg
Hannover	Hanovre
Köln	Cologne
Krakau	Cracovie
Lüttich	Liège
Mailand	Milan
Mainz	Mayence
München	Munich
Neapel	Naples
Nürnberg	Nuremberg
Regensburg	Ratisbonne
Trier	Trèves
Venedig	Venise

11.2 Länder und Völker — Les pays et les peuples

Adjektive entsprechen – in Kleinschreibung – dem Völkernamen

Afrikaner(in)	Africain(e) m(f)
afrikanisch	africain
Amerikaner(in)	Américain(e) m(f)
amerikanisch	américain
Asiate, Asiatin	Asiatique m, f

asiatisch	asiatique
Ausland	étranger m
im Ausland	à l'étranger
Ausländer(in)	étranger m, -ère f
Bevölkerung	population f
Einwohner(in)	habitant(e) m(f)
Europäer(in)	Européen m, -éenne f
Hauptstadt	capitale f
Heimat	patrie f
Inland	territoire national m
Inder(in)	Indien m, -ienne f
indisch	indien
Indianer(in)	Indien m, -ienne f (d'Amérique)
Kontinent	continent m
Land	pays m
Nation	nation f
national	national, m pl nationaux
Nationalität	nationalité f
Schwarze(r)	noir(e) m(f)
Skandinavien	la Scandinavie
Skandinavier(in)	Scandinave m, f
Stamm	tribu f
Vaterland	patrie f
Volk	peuple m; ethnie f
Weiße(r)	blanc m, blanche f

Afrika	**l'Afrique f**
Ägypten	**l'Egypte f**
Ägypter(in)	Egyptien m, -ienne f
ägyptisch	égyptien, -ienne
Kairo	Le Caire
Algerien	**l'Algérie f**
Algerier(in)	Algérien m, -ienne f
Algier	Alger
Äthiopien	**l'Ethiopie f**
Äthiopier(in)	Ethiopien m, -ienne f
Addis Abeba	Addis Abeba
Elfenbeinküste	**la Côte d'Ivoire**
Einwohner(in) der Elfenbeinküste	Ivoirien m, -ienne f
Abidjan	Abidjan
Ghana	**le Ghana**
Ghanaer(in)	Ghanéen m, -éenne f
Accra	Accra
Guinea	**la Guinée**
Guineer(in)	Guinéen m, -éenne f
Conakry	Conakry

Kamerun	**le Cameroun**
Kameruner(in)	Camerounais(e) m(f)
Yaoundé	Yaoundé
Kenia	**le Kenya**
Kenianer(in)	Kenyan(e) m(f)
Nairobi	Nairobi
Kongo	**le Congo**
Kongolese, Kongolesin	Congolais(e) m(f)
Brazzaville	Brazzaville
Libyen	**la Libye**
Libyer(in)	Libyen m, -enne f
Tripolis	Tripoli
Madagaskar	**Madagascar**
Madagasse, Madagassin	Malgache m, f
Antananarivo	Antananarivo
Mali	**le Mali**
Malier(in)	Malien m, -ienne f
Bamako	Bamako
Marokko	**le Maroc**
Marokkaner(in)	Marocain(e) m(f)
Rabat	Rabat
Niger	**le Niger**
Nigrer(in)	Nigérien m, -ienne f
Nyamey	Nyamey
Nigeria	**le Nigeria**
Nigerianer(in)	Nigérian(e) m(f)
Lagos	Lagos
Senegal	**le Sénégal**
Senegalese, Senegalesin	Sénégalais(e) m(f)
Dakar	Dakar
Somalia	**la Somalie**
Somalier(in)	Somalien m, -ienne f
Mogadischu	Mogadischu
Sudan	**le Soudan**
Sudanese, Sudanesin	Soudanais(e) m(f)
Khartum	Khartoum
Südafrikanische Republik	**la République d'Afrique du Sud**
Südafrikaner(in)	Sud-Africain(e) m(f)
Pretoria und Kapstadt	Pretoria et Le Cap
Tansania	**la Tanzanie**
Tansanier(in)	Tanzanien m, -ienne f
Daressalam	Dar-es-Salaam
Tunesien	**la Tunisie**
Tunesier(in)	Tunisien m, -ienne f
Tunis	Tunis

Uganda	l'Ouganda m
Ugander(in)	Ougandais(e) m(f)
Kampala	Kampala
Zaire	**le Zaïre**
Zairer(in)	Zaïrois(e) m(f)
Kinshasa	Kinshasa
Amerika	**l'Amérique f**
Karibik	les Caraïbes
Lateinamerika	l'Amérique latine f
Mittelamerika	l'Amérique centrale f
Nordamerika	l'Amérique du Nord f
Südamerika	l'Amérique du Sud f
Argentinien	**l'Argentine**
Argentinier(in)	Argentin(e) m(f)
Buenos Aires	Buenos Aires
Bolivien	**la Bolivie**
Bolivier(in)	Bolivien m, -ienne f
La Paz	La Paz
Brasilien	**le Brésil**
Brasilianer(in)	Brésilien m, -ienne f
Brasilia	Brasilia
Chile	**le Chili**
Chilene, Chilenin	Chilien m, -ienne f
Santiago	Santiago
Costa Rica	**le Costa Rica**
Costaricaner(in)	Costaricain(e) m(f)
San José	San José
Ecuador	**l' Equateur**
Ecuadorianer(in)	Equatorien m, -ienne f
Quito	Quito
El Salvador	**le El Salvador**
Salvadorianer(in)	Salvadorien m, -ienne f
San Salvador	San Salvador
Grönland	**le Groenland**
Grönländer(in)	Groenlandais(e) m(f)
Nuuk	Nuuk
Guatemala	**le Guatemala**
Guatemalteke, Guatemaltekin	Guatémaltèque m, f
Guatemala City	Guatemala City
Haiti	**Haïti**
Haitianer(in)	Haïtien m, -ienne f
Port-au-Prince	Port-au-Prince
Honduras	**le Honduras**

Honduraner(in)	Hondurien m, -ienne f
Tegucigalpa	Tegucigalpa
Jamaika	**la Jamaïque**
Jamaikaner(in)	Jamaïquain(e) m(f)
Kingston	Kingston
Kanada	**le Canada**
Kanadier(in)	Canadien m, -ienne f
Ottawa	Ottawa
Kolumbien	**la Colombie**
Kolumbianer(in)	Colombien m, -ienne f
Bogotá	Bogotá
Kuba	**Cuba**
Kubaner(in)	Cubain(e) m(f)
Havanna	La Havane
Mexiko	**le Mexique**
Mexikaner(in)	Mexicain(e) m(f)
Mexiko Stadt	Mexico City
Nicaragua	**le Nicaragua**
Nicaraguaner(in)	Nicaraguayen m, -enne f
Managua	Managua
Panama	**le Panama**
Panamaer(in)	Panaméen m, -éenne f
Panama	Panama
Paraguay	**le Paraguay**
Paraguayer(in)	Paraguayen m, -enne f
Asunción	Asunción
Peru	**le Pérou**
Peruaner(in)	Péruvien m, -ienne f
Lima	Lima
Puerto Rico	**Porto Rico**
Puertoricaner(in)	Puertoricain(e) m(f)
San Juan	San Juan
Uruguay	**l'Uruguay**
Uruguayer(in)	Uruguayen m, -enne f
Montevideo	Montevideo
Venezuela	**le Venezuela**
Venezueler(in)	Vénézuélien m, -ienne f
Caracas	Caracas
Vereinigte Staaten/ USA	**les Etats-Unis/USA**
Amerikaner(in)	Américain(e) m(f)
Washington	Washington

Asien	l'Asie f
Fernost	**l'Extrême-Orient m**
Nahost	**le Proche Orient**
Afghanistan	**l'Afghanistan m**
Afghane, Afghanin	Afghan(e) m(f)
Kabul	Kaboul
Birma	**Birmanie f**
Burmese, Burmesin	Birman(e) m(f)
Yangoon	Rangoon
China	**la Chine**
Chinese, Chinesin	Chinois(e) m(f)
Peking	Pékin
Indien	**l'Inde f**
Inder(in)	Indien m, -ienne f
New Delhi	New Delhi
Indonesien	**l'Indonésie**
Indonesier(in)	Indonésien m, -ienne f
Jakarta	Djakarta
Irak	**l'Irak m**
Iraker(in)	Irakien m, -ienne f
Bagdad	Bagdad
Iran	**l'Iran m**
Iraner(in)	Iranien m, -ienne f
Teheran	Teheran
Israel	**Israël m**
Israeli	Israélien m, -ienne f
Jerusalem	Jerusalem
Japan	**le Japon**
Japaner(in)	Japonais(e) m(f)
Tokio	Tokio
Jordanien	**la Jordanie**
Jordanier(in)	Jordanien m, -ienne f
Amman	Amman
Kamputschea *früher*	**le Kampuchéa, le**
Kambodscha	**Cambodge**
Kambodschaner(in)	Cambodgien m, -ienne f
Pnom Penh	Pnom Penh
Kuwait	**le Koweït**
Kuwaiter(in)	Koweïtien m, -ienne f
Kuweit	Koweït
Laos	**le Laos**
Laote, Laotin	Laotien m, -ienne f
Vientiane	Vientiane
Libanon	**le Liban**

Libanese, Libanesin	Libanais(e) m(f)
Beirut	Beyrouth
Malaysia	**la Malaisie**
Malaysier(in)	Malais(e) m(f)
Kuala Lumpur	Kuala Lumpur
Nepal	**le Népal**
Nepalese, Nepalesin	Népalais(e) m(f)
Katmandu	Khatmandou
Pakistan	**le Pakistan**
Pakistaner(in)	Pakistanais(e) m(f)
Islamabad	Islamabad
Saudi-Arabien	**l'Arabie Saoudite f**
Saudi	Saoudien m, -ienne f
Riyadh	Riyad
Sri Lanka	**Sri Lanka m**
Ceylonese, Ceylonesin	Ceylanais(e) m(f)
Colombo	Colombo
Syrien	**la Syrie**
Syrier(in)	Syrien m, -ienne f
Damaskus	Damas
Thailand	**la Thaïlande**
Thailänder(in)	Thaïlandais(e) m(f)
Bangkok	Bangkok
Türkei	**la Turquie**
Türke, Türkin	Turc m, Turque f
Ankara	Ankara
Vietnam	**le Vietnam**
Vietnamese, Vietnamesin	Vietnamien m, -ienne f
Hanoi	Hanoï
Zypern	**Chypre f**
Zypriot(in)	Chypriote m, f
Nikosia	Nicosie
Australien	**l'Australie f**
Australier(in)	Australien m, -ienne f
Canberra	Canberra
Neuseeland	**la Nouvelle-Zélande**
Neuseeländer(in)	Néo-Zélandais(e) m(f)
Wellington	Wellington
Europa	**l'Europe f**
Albanien	**l'Albanie f**
Albaner(in)	Albanais(e) m(f)
Tirana	Tirana
Belgien	**la Belgique**

11 | Erdkunde, Geschichte und Religion

Belgier(in)	Belge m, f	Ire, Irin	Irlandais(e) m(f)
Brüssel	Bruxelles	Dublin	Dublin
Bulgarien	**la Bulgarie**	**Island**	**l'Islande**
Bulgare, Bulgarin	Bulgare m, f	Isländer(in)	Islandais(e) m(f)
Sofia	Sofia	Reykjavik	Reykjavik
Deutschland	**l'Allemagne f**	**Italien**	**l'Italie**
Deutsche(r)	Allemand(e) m(f)	Italiener(in)	Italien m, -ienne f
Berlin	Berlin	Rom	Rome
Bundesländer	les Länder	*früher* **Jugoslawien**	**la Yougoslavie**
Baden-Württemberg	le Bade-Wurtemberg	Jugoslawe,	Yougoslave m, f
Bayern	la Bavière	Jugoslawin	
Brandenburg	le Brandebourg	**Bosnien**	**la Bosnie**
Bremen	Brême	Bosnier(in)	Bosniaque m, f
Hamburg	Hambourg	Sarajevo	Sarajevo
Hessen	la Hesse	**Kroatien**	**la Croatie**
Mecklenburg-	le Mecklembourg-	Kroate, Kroatin	Croate m, f
Vorpommern	Poméranie	Zagreb	Zagreb
Niedersachsen	la Basse-Saxe	**Serbien**	**la Serbie**
Nordrhein-Westfalen	la Rhénanie-du-	Serbe, Serbin	Serbe m, f
	Nord-Westphalie	Belgrad	Belgrade
Rheinland-Pfalz	la Rhénanie-Palatinat	**Slowenien**	**la Slovénie**
Saarland	la Sarre	Slowene, Slowenin	Slovène m, f
Sachsen	la Saxe	Ljubljana	Ljubljana
Sachsen-Anhalt	le Saxe-Anhalt	**Luxemburg**	**le Luxembourg**
Schleswig-Holstein	le Schleswig-	Luxemburger(in)	Luxembourgeois(e)
	Holstein		m(f)
Thüringen	la Thuringe	Luxemburg	Luxembourg
Dänemark	**le Danemark**	**Malta**	**Malte f**
Däne, Dänin	Danois(e) m(f)	Malteser(in)	Maltais(e) m(f)
Kopenhagen	Copenhague	Valletta	La Valette
Finnland	**la Finlande**	**Monaco**	**Monaco**
Finne, Finnin	Finlandais(e) m(f)	Monegasse,	Monégasque m, f
Helsinki	Helsinki	Monegassin	
Frankreich	**la France**	Monaco	Monaco
Franzose, Französin	Français(e) m(f)	**Niederlande**	**les Pays-Bas**
Paris	Paris	Niederländer(in)	Néerlandais(e) m(f)
Griechenland	**la Grèce**	Amsterdam	Amsterdam
Grieche, Griechin	Grec m, Grecque f	**Norwegen**	**la Norvège**
Athen	Athènes	Norweger(in)	Norvégien m,
Großbritannien	**la Grande-Bretagne**		-ienne f
Brite, Britin	Britannique m, f	Oslo	Oslo
London	Londres	**Österreich**	**l'Autriche f**
Cornwall	la Cornouaille	Österreicher(in)	Aurichien m, -ienne f
England	l'Angleterre f	Wien	Vienne
Engländer(in)	Anglais(e) m(f)	**Portugal**	**le Portugal**
Nordirland	l'Irlande du Nord f	Portugiese,	Portugais(e) m(f)
Schottland	l'Ecosse f	Portugiesin	
Schotte, Schottin	Ecossais(e) m(f)	Lissabon	Lisbonne
Wales	le Pays de Galles m	**Schweden**	**la Suède**
Irland	**l'Irlande f**	Schwede, Schwedin	Suédois(e) m(f)

Stockholm	Stockholm
Schweiz	**la Suisse**
Schweizer(in)	Suisse m, Suissesse f
Bern	Berne
Spanien	**l'Espagne f**
Spanier(in)	Espagnol(e) m(f)
Madrid	Madrid
Osteuropa	**l'Europe de l'Est f**
Baltikum	**les pays baltes**
Estland	**l'Estonie f**
Este, Estin	Estonien m, -ienne f
Reval/Tallinn	Tallinn
Lettland	**la Lettonie**
Lette, Lettin	Letton m, -onne f
Riga	Riga
Litauen	**la Lituanie**
Litauer(in)	Lituanien m, -ienne f
Wilna	Vilna
Georgien	**la Géorgie**
Georgier(in)	Géorgien m, -ienne f
Tiflis	Tbilissi
Polen	**la Pologne**
Pole, Polin	Polonais(e) m(f)
Warschau	Varsovie
Rumänien	**la Roumanie**
Rumäne, Rumänin	Roumain(e) m(f)
Bukarest	Bucarest
Rußland	**la Russie**
Russe, Russin	Russe m, f
Moskau	Moscou
früher **Sowjetunion**	**l'Union Soviétique**
(UdSSR)	**(URSS) f**
die russische	**la Fédération de**
Föderation	**Russie**
früher **Tschechos-**	**la Tchéchoslovaquie**
lowakei	
Tschechische	**la République**
Republik	**tchèque**
Tscheche, Tschechin	Tchèque m, f
Prag	Prague
Slowakei, Slowa-	**la Slovaquie**
kische Republik	
Slowake, Slowakin	Slovaque m, f
Bratislava	Bratislava
Ukraine	**l'Ukraine f**
Ukrainer(in)	Ukrainien m, -ienne f
Kiev	Kiev
Ungarn	**la Hongrie f**
Ungar(in)	Hongrois(e) m(f)
Budapest	Budapest

11.3 Geschichte   L'histoire

Abschaffung	abolition f
absolut	absolu
Absolutismus	absolutisme m
Adel	noblesse f
Altertum	l'Antiquité f
Anschluß	annexion f
Aufklärung (Zeit-	le Siècle des
alter der)	Lumières
Aufruhr; Aufstand	révolte f; soulève-
	ment m
Bauernstand	paysannerie f
Brüderlichkeit	fraternité f
Burg	château fort m
Bürgerkrieg	guerre civile f
Bürgertum	bourgeoisie f
Großbürgertum	grande bourgeoisie f
Diktator	dictateur m
Diktatur	dictature f
Einheit	unité f
Einwanderung	immigration f
Ereignis	évènement m
Erstürmung der	la prise de la Bastille
Bastille	
Franke	Franc m
Freiherr, Freifrau	baron m, baronne f
Frieden	paix f
Fürst, Fürstin	prince m, princesse f
fürstlich	princier, -ière
Fürstentum	principauté f
Geistlichkeit	clergé m
Geschichte	l'histoire f
Vorgeschichte	la préhistoire
Gallien	la Gaule
Gallier	Gaulois m
Germane	Germain m
Geschichte	histoire f
Graf, Gräfin	comte m, comtesse f
gründen	fonder
herrschen	règner
Herrschaft	règne m
Herrscher	souverain m
Herzog(in)	duc m, duchesse f
Hof	cour f
Kaiser(in)	empereur m,
	impératrice f

95

kaiserlich	impérial, m pl impériaux
Kaiserreich	empire m
Kampf	lutte f; combat m
Klassenkampf	lutte des classes f
Kolonie	colonie f
Kolonialherrschaft	domination coloniale f
Kolonisation	colonisation f
König(in)	roi m, reine f
königlich	royal, mpl royaux
Königreich	royaume m
Kreuzzug	croisade f
Krieg	guerre f
Ester Weltkrieg	la Première guerre mondiale
Zweiter Weltkrieg	la Seconde guerre mondiale
Krone	couronne f
Krönung	couronnement m
Landung der Alliierten (6. Juni 1944)	Le Débarquement
Lehnsherr	seigneur m
Lehnswesen	régime féodal m
Menschenrechte	droits de l'homme mpl
Mittelalter	le Moyen(-)Âge
mittelalterlich	médiéval, mpl médiévaux
Monarch	monarque m
Monarchie	monarchie f
Neuzeit	les Temps Modernes mpl
Patriot(in)	patriote m, f
Patriotismus	patriotisme m
Prinz, Prinzessin	prince m, princesse f
Privileg; Vorrecht	privilège m
Rasse	race f
Rassismus	racisme m
rassistisch	raciste
Reformation	la Réforme f
Revolution	révolution f
Kulturrevolution	la Révolution culturelle
Ritter	chevalier m
Ritterrüstung	armure f
Rittertum	chevalerie f
Römer	Romain m
römisch	romain
das Römische Reich	l'Empire romain m

Ruhm	gloire f
Rüstung	armements mpl
Sklave, Sklavin	esclave m, f
Stand	classe sociale f; condition f
Thron	trône m
Untergang	chute f; déclin m
der Untergang des Abendlandes	le déclin de l'Occident
Weltuntergang	la fin du monde
Untertan	sujet m
unterwerfen, sich	se soumettre
Vereinigung	unification f
Wiedervereinigung	réunification f
Verfall	déclin m; décadence f
Volk	peuple m
Völkerrecht	droit des gens m
Völkerwanderung	migration des peuples f
Wiederaufbau	reconstruction f
Zeitalter	âge m
Steinzeit	l'âge de pierre m
Eisenzeit	l'âge du fer m
Bronzezeit	l'âge du bronze m
zeitgenössisch	contemporain

11.4 Religion   La religion

Religionen und Glauben   **Religions et croyances**

Aberglaube	superstition f
abergläubisch	superstitieux, -ieuse
Abgott	idole f
anbeten	adorer
Anhänger(in)	adepte m, f
Askese	ascèse f
Asket(in)	ascète m, f
Atheismus	athéisme m
Atheist(in)	athéiste m, f
beten	prier
Bibel	la Bible
biblisch	biblique
Böse	mal m
das Gute und das Böse	le bien et le mal
Buddhismus	le bouddhisme
Buddhist(in)	bouddhiste m, f

buddhistisch	bouddhiste
Freimaurer	franc-maçon m
Gebet	prière f
Gemeinschaft	communauté f
Gott, Göttin	dieu m, déesse f
Glaube	croyance f; foi f
Glaubensbekenntnis	profession de foi f
glauben	croire
Gläubige(r)	croyant(e) m(f)
Heide, Heidin	païen m, païenne f
Heidentum	paganisme m
heidnisch	païen, -enne
Hexe	sorcière f
Hexerei	sorcellerie f
Hindu, Hindufrau	hindou(e) m(f)
Hinduismus	l'hindouisme m
hinduistisch	hindou
Jude, Jüdin	juif m, juive f
Judentum	judaïsme m
jüdisch	juif, juive
Islam	islamisme m, islam m
islamisch	islamique
Koran	le Coran
Kult	culte m
Magie	magie f
magisch	magique
Minarett	minaret m
Moschee	mosquée f
Moslem, Muslime	musulman(e) m(f)
moslemisch	musulman
Mythologie	mythologie f
Mythos	mythe m
mythisch	mythique
Opfergabe	offrande f
opfern	sacrifier
Orakel	oracle m
Pagode	pagode f
Pilger	pélerin m
Pilgerfahrt; Wallfahrt	pélerinage m
Prophet	prophète m
Rabbiner	rabbin m
Religion	religion f
religiös	religieux, -ieuse
Sabbat	le sabbat
Schamane	chaman m
Schamanismus	chamanisme m
Segen	bénédiction f
segnen	bénir
Sekte	secte f

Symbol	symbole m
Synagoge	synagogue f
Tempel	temple m
verehren	vénérer
Verehrung	vénération f
Wunder	miracle m

Christentum — le christianisme

Abt	abbé m
Abtei	abbaye f
Apostel	apôtre m
Auferstehung	la résurrection
Basilika	basilique f
Bischof	évêque m
Erzbischof	archevêque m
beichten	(se) confesser
Bistum	évêché m
Erzbistum	archevêché m
Buße	pénitence f
Christ(in)	chrétien m, -ienne f
Christentum	christianisme m
christlich	chrétien, -ienne
Christmette	la messe de minuit
Dogma	dogme m
Dreifaltigkeit	la Trinité
Engel	ange m
Erzengel	archange m
Schutzengel	ange gardien m
Erlöser	le Rédempteur
Erlösung	rédemption f
Evangelium	évangile m
Fegefeuer	le purgatoire
Gebote, die Zehn	les dix comman-dememts mpl
Gelübde	vœu m, pl vœux
Gericht, das Jüngste	Le Jugement dernier
Gottesdienst	office m; messe f
heilig	saint
der heilige Paulus	saint Paul
der Heilige Stuhl	le Saint-Siège
Heilige(r)	saint(e) m(f)
Schutzheilige(r)	patron m, patronne f
Himmel	le paradis
Hölle	l'enfer m
Jesus Christus	Jésus-Christ
Jungfrau Maria	la Vierge Marie
Kanzel	chaire f
Kardinal	cardinal m
Katholik(in)	catholique m, f

katholisch	catholique	taufen	baptiser
Katholizismus	le catholicisme	Testament, das Alte	l'Ancien Testa-
Kirche	l'Église f		ment m
Kirchenlied	cantique m	Testament, das Neue	le Nouveau Testa-
Kirchengemeinde	paroisse f		ment
Klerus	clergé m	Teufel	diable m
Kloster	couvent m;		
	monastère m	**Kirchliche Feiertage**	**Fêtes religieuses**
ins Kloster gehen	entrer au couvent	Allerheiligen	la Toussaint
Kreuz	croix f	Aschermittwoch	le Mercredi des
Kreuzweg	chemin de croix m		Cendres
Lehre	doctrine f	Christi Himmelfahrt	l'Ascension f
Messe	messe f	Dreikönigsfest	l'Épiphanie f
Mönch	moine m	Gründonnerstag	le Jeudi Saint
Nonne	religieuse f; sœur f	Karfreitag	le Vendredi Saint
Ökumene	œcuménisme m	kirchlicher Feiertag	fête religieuse f
ökumenisch	œcuménique	Maria Himmelfahrt	l'Assomption f
Orden	ordre religieux m	Ostermontag	le Lundi de Pâques
Ordensbruder	religieux m; frère m	Ostern	Pâques fpl od. mpl
Ordensschwester	religieuse f; sœur f	an, zu Ostern	à Pâques
Papst	pape m	frohe Ostern!	Joyeuses Pâques!
Pastor	pasteur m	Palmsonntag	le Dimanche des
Pfarrer	curé m		Rameaux
Pfarrkirche	église paroissiale f	Pfingsten	la Pentecôte
Predigt	sermon m	an, zu Pfingsten	à la Pentecôte
Priester	prêtre m	Pfingstmontag	le Lundi de
Protestantismus	protestantisme m		Pentecôte
Protestant(in)	protestant(e) m(f)	Weihnachten	Noël m
evangelisch	protestant	über, zu, an	à Noël
Sakrament	sacrement m	Weihnachten	
Sünde	péché m	fröhliche	Joyeux Noël!
Erbsünde	péché originel m	Weihnachten!	
Todsünde	péché mortel m		
Taufe	baptême m		

12.1 Schul- und Bildungswesen — L'enseignement

ausbilden	former
Ausbildung	formation f
Er ist gelernter Schreiner.	Il a une formation de menuisier.
berufliche Ausbildung	formation professionnelle f
Ausbildungsstätte	établissement scolaire m
Bildung	culture f; éducation f
Allgemeinbildung	culture générale f
einschulen	scolariser
Einschulung	scolarisation f
Erwachsenenbildung	formation pour adultes f
erziehen	éduquer
Erzieher(in)	éducateur m, -trice f
Erziehung	éducation f
Fachrichtung	discipline f; matière f
Forschung	recherche (scientifique) f
Fortbildung	formation continue f
Kurs	cours m
Wir besuchen einen Englischkurs.	Nous suivons un cours d'anglais.
Kursus	cycle d'études m
Lehre	apprentissage m
Lehrling	apprenti m
Schulanfang	rentrée des classes f
Schule	école f
in die Schule gehen	aller à l'école
Schulberatung	orientation scolaire f
Schulferien	vacances scolaires fpl
Schulfunk	radio et télévision éducatives fpl
Schuljahr	année scolaire f
Schullaufbahn	orientation f; voie f
Schulung	formation f; stage m
Schulpflicht	scolarité obligatoire f
im schulpflichtigen Alter	en âge scolaire
Schul- und Bildungswesen	enseignement m
privates Schulwesen	enseignement privé m
staatliches Schulwesen	enseignement public m
umschulen	recycler
Umschulung	recyclage m
Unterricht	cours m
Französischunterricht geben	donner des cours de français
computergestützter Unterricht	enseignement assisté par ordinateur (E.A.O.) m
Fernunterricht, Fernstudium	enseignement par correspondance m
Hochschulstudium	études universitaires fpl
unterrichten	enseigner
Weiterbildung	formation permanente f
Wissen	connaissances fpl

Ausbildungsstätten — Centres de formation

Abendschule	cours du soir m
Berufsschule	école d'enseignement professionnel f
Berufsfachschule	lycée d'enseignement professionnel (LEP) m
Fachhochschule	Institut Universitaire de Technologie (IUT) m
Grundschule	école primaire f; école élémentaire f
1. bis 5. Klasse	Cours Préparatoire (CP) jusqu'à la classe de 6ème
Gymnasium	lycée m
Handelsschule	école de commerce f
Handelshochschule	école supérieure de commerce f
Hauptschule	*école d'enseignement secondaire f, cycle court débouchant sur un enseignement professionnel*
Hochschule	établissement d'enseignement supérieur m; université f
Technische Hochschule	établissement d'enseignement supérieur de formation d'ingénieurs m

Kindergarten	jardin d'enfants m
Kunstakademie	Ecole des Beaux Arts f
Musikhochschule	Conservatoire de musique m
Privatschule	école privée f
Realschule	collège m *(classe de 6ème à la 3ème)*
Sonderschule	établissement scolaire spécialisé m
Universität	université f
Volkshochschule	université populaire f
Vorschule	école maternelle f

Primar- und Sekundarstufe

Enseignement primaire et secondaire

Abitur	bac m; baccalauréat m
sich auf das Abitur vorbereiten	se préparer au bac
Fachabitur	bac professionnel m
Abitur mit Fachrichtung	Bac série ...
Geisteswissenschaft	L: littéraire (Lettres, Arts, Langues)
Wirtschaft	ES: économique et social (Sciences économiques et sociales)
Mathe/Physik	S: scientifique (Mathématiques et Physique)
Technologie	ST: technologique (Sciences et Technologie)
Abiturient(in)	élève de terminale m, f; candidat(e) au bac m(f); *(le bachelier, la bachelière est titulaire du diplôme.)*
Abschlußzeugnis	certificat m
abschreiben (von jm)	copier (sur qn)
Aufgabe	*schriftliche* devoir m; *mündliche* leçon f
eine Aufgabe stellen	donner un devoir m
Hausaufgabe	devoir

Aufsatz	rédaction f; *in der Oberstufe* dissertation f
ausfallen	ne pas avoir lieu
behandeln	traiter de
benoten	noter
Diktat	dictée f
Diplom	diplôme m
Direktor(in)	proviseur du lycée m; principal du collège m
einschreiben, sich	s'inscrire
Einschreibung	inscription f
Elternabend	réunion de parents d'élèves f
Entschuldigungszettel	excuse f
Extemporale	interrogation écrite f; contrôle (sur plusieurs leçons) m
faul	paresseux, -eusse
Fehler	faute f
fleißig	studieux, -ieuse
Gymnasiast(in)	lycéen m, lycéenne f
Gymnasium	lycée m
5. bis 13. Klasse	classe de 6ème jusqu'à la classe terminale
Inhaltsangabe	compte-rendu de lecture m
Kenntnisse	connaissances fpl
Sie hat gute Englischkenntnisse.	Elle a de bonnes connaissances en anglais.
Klasse	classe f
die unteren Klassen	les petites classes
die oberen Klassen	les grandes classes
12. Klasse	classe de 1ère f
13. Klasse	classe terminale f
Klassenarbeit	contrôle m
Klassensprecher(in)	délégué(e) de classe m(f)
Klassenzimmer	salle de classe f
Lehrer(in)	enseignant(e) m(f); professeur m, f; F prof m, f
Grunschullehrer(in)	instituteur m, -trice f; professeur d'école m, f
Gymnasiallehrer(in)	professeur de lycée m, f

Klassenlehrer(in)	professeur principal m, f
Chemielehrer(in)	professeur de chimie m, f
Lehrbaustein	module m
Lehrerkonferenz	conseil des professeurs m
Lehrplan	programme scolaire m
Lehrstoff	matière f
leicht	facile
Leistungen	résultats mpl
gute Leistungen vollbringen	avoir de bons résulat
gut, schlecht sein in Physik	être bon, mauvais en physique
Leistungskurs	programme renforcé dans une matière m
Lektion	leçon f
lernen	apprendre
auswendig lernen	apprendre par cœur
Lesen	lecture f
lesen	lire
lösen	résoudre
Lösung	solution f
Musterlösung	corrigé m
nachlassen (in)	baisser (en)
nachholen	rattraper
nachsitzen	avoir une retenue
Note	note f
Durchschnittsnote	(note f) moyenne f
Notenkonferenz	conseil de classe m

Noten **Appréciations**

ausgezeichnet	excellent
gut	bien
befriedigend	satisfaisant
ausreichend	moyen
ungenügend	faible; insuffisant
Notensystem	système de notation m
Skala von 20 (Höchstnote) bis 0 Punkte	échelle f de 20 à 0 points
pädagogisch	pédagogique
Pause	récréation f
Primarstufe	enseignement primaire m
Prüfer(in)	examinateur m, examinatrice f

Prüfung	examen m
Aufnahmeprüfung	concours m; examen d'entrée m
mündliche Prüfung	oral m
eine Prüfung machen	passer un examen
eine Prüfung bestehen	réussir un examen; être reçu à un examen
Er hat das Abitur mit Eins bestanden.	Il a été reçu au bac avec mention très bien.
bei einer Prüfung durchfallen	échouer à un examen; être recalé à un examen
Prüfungsarbeit	copie d'examen f
Prüfungsaufgabe	sujet d'examen m; épreuve f
Prüfungsausschuß	jury d'examen m
Prüfungskandidat(in)	candidat(e) m(f) à un examen
Quartal	trimestre m
Rechnen	calcul m
rechnen	calculer
schreiben	écrire
Schrift	écriture f
Schüler(in)	écolier m, écolière f; élève m, f
Mitschüler(in)	camarade de classe m, f
Schülerzahl	effectif m
Schulgeld	frais de scolarité mpl
Schulzeugnis	bulletin trimestriel m
schwierig	difficile
Sekundarstufe	enseignement secondaire m
(Ober)studienrat	professeur de lycée titularisé m (titre)
Stufe	niveau m
Stundenplan	emploi du temps m; horaires mpl
Thema	sujet m; thème m
übersetzen	traduire
Übersetzung	traduction f
in die Fremdsprache	thème m
aus der Fremdsprache	version f
üben	s'exercer
Übung	exercice m
unterrichten	enseigner
Unterrichtsfach	matière f; discipline f
Unterrichtsstoff	programme m

Unterricht(sstunde)	cours m; heure de cours f
Pflichtfach	matière obligatoire f
Wahlfach	matière facultative f; option f

Unterrichtsfächer — Matières

Betriebswirtschaft	gestion f
Biologie	biologie f
Chemie	chimie f
Erdkunde	géographie f
Fremdsprachen	langues étrangères fpl
Altsprachen	langues mortes fpl
neue Sprachen	langues vivantes fpl
Geschichte	histoire f
Kunsterziehung	éducation musicale et arts plastiques f
Mathematik	mathématiques fpl
Naturwissenschaften	sciences naturelles fpl
Physik	physique f
Staatsbürgerkunde	éducation civique f
Turnen	éducation physique et sportive f
Volkswirtschaft	économie politique f
Unterrichtsfach	discipline f; matière f
(Unterrrichts)stunde	cours m; heure de cours f
Stunden geben	donner des cours
Privatstunde	cours particulier m
verbessern	corriger
versetzt werden	passer dans la classe supérieure; passer en …
vorbereiten	préparer
wiederholen	répéter
eine Klasse wiederholen	redoubler une classe
wissen	savoir

Universität — Université

Akademiker	personne ayant fait des études universitaires f
akademisches Diplom	diplôme universitaire m
Dekan	doyen m

Doktor	*Person* docteur m; *Titel* doctorat m
Titel	titre m
Dr. med.	docteur en médecine
Dr. jur.	docteur en droit
Dr. phil.	docteur ès lettres
Dr. rer. nat.	docteur ès sciences
Dr. theol.	docteur en théologie
Doktorarbeit	thèse de 3ème cycle f
Examen	examen m
Fakultät	faculté f
jur. Fakultät	faculté de droit f
phil. Fakultät	faculté des lettres f
Fach	matière f
Hauptfach	matière principale f
Nebenfach	matière secondaire f
Gasthörer(in)	auditeur m, auditrice libre f
Hörsaal	amphithéâtre m; F amphi m; salle de cours f
Immatrikulation	inscription f
Immatrikulationsgebühren	droits d'inscription mpl
immatrikulieren	inscrire
Institut	institut m
Lehrbeauftragte(r)	chargé(e) de cours m(f)
Lehrstuhl	chaire f
Magisterarbeit	mémoire de maîtrise m
Numerus Clausus	numerus clausus m
Privatdozent(in)	*etwa* maître de conférences m
Professor(in)	professeur d'université m, f
promovieren	faire un doctorat
Referendar(in)	professeur stagiaire m, f
Referat	exposé m
Rektor(in)	directeur m, -trice f d'un établissement scolaire
Semester	semestre m
1. und 2. Semester	1ère année universitaire f
im vierten Semester Medizin studieren	être en deuxième année de médecine
Staatsexamen	diplôme de fin d'études universitaires m

Stipendiat(in)	boursier m, boursière f
Stipendium	bourse f
Student(in)	étudiant(e) m(f)
Er ist Medizinstudent.	Il est étudiant en médecine.
Studentenausweis	carte d'étudiant f
studieren	faire des études
Architektur studieren	faire des études d'architecture, faire architecture
Sie hat in Paris studiert.	Elle a fait ses études à Paris.
Studium	études fpl
Sie hat ihr Jurastudium abgeschlossen.	Elle a terminé ses études de droit.
Universität, Uni	université f; F fac f
auf die Uni gehen	aller à la fac
Vorlesung	cours (magistral) m
Zulassung	admission f
zulassen (zu)	admettre (à)
Der Kandidat ist zu der mündlichen Prüfung zugelassen.	Le candidat est admis à passer l'oral.

Schulausstattung — Matériel scolaire

Atlas	atlas m
Bibliothek	bibliothèque f
Bleistift	crayon m
Bleistiftspitzer	taille-crayon m
Buch	livre m
Lehrbuch	manuel scolaire m
Schulbuch	livre scolaire m
Computer	ordinateur m
Diskette	disquette f
Fernseher	téléviseur m
Filzschreiber	(stylo m) feutre m
Füllfeder	stylo encre m
Heft	cahier m
Ringheft	classeur m
Kreide	craie f
Kugelschreiber	stylo à bille m
Labor	laboratoire m
Sprachlabor	laboratoire de langues m
Lehrbuch	manuel m
Lehrmethode	méthode d'enseignement f
Lineal	règle f

Mappe	carte géographique f
Projektor	projecteur m
Diaprojektor	projecteur de diapositives m
Overheadprojektor	rétroprojecteur m
Radiergummi	gomme f
Schultasche	cartable m
Schwarzes Brett	tableau noir m
Tafel	tableau m, pl tableaux
Tinte	encre f
Videokassette	vidéocassette f
Videogerät	magnétoscope m
Wörterbuch	dictionnaire m
Zeichenpapier	papier à dessin m
Zirkel	compas m

12.2 Mathematik, Physik und Naturwissenschaften — Les mathématiques, les sciences physiques et naturelles

entdecken	découvrir
Entdeckung	découverte f
erfinden	inventer
Erfindung	invention f
Experiment	expérience f
experimentieren	expérimenter
Forschung	recherche (scientifique) f
Forschungsstätte	centre de recherches m
Institut	institut m
Labor	laboratoire m
Methode	méthode f
Nachprüfung	vérification f
Theorie	théorie f
Versuch	essai m
Versuchsanstalt	station d'essais f
Wissen	savoir m
Wissenschaft	science f
Wissenschaftler(in)	scientifique m, f; savant m
wissenschaftlich	scientifique
vom wissenschaftlichen Standpunkt	du point de vue scientifique

12 Bildung

Mathematik	Mathématiques
Algebra	algèbre m
Annahme	hypothèse f
Arithmetik	arithmétique f
Beweisführung	démonstration f
Diagonale	diagonale f
Dreieck	triangle m
dreieckig	triangulaire
Durchmesser	diamètre m
Ellipse	ellipse f
Fläche	surface f
Formel	formule f
Geometrie	géométrie f
Gerade	(ligne) droite f
(un)gleich	(in)égal
gleichen	égaler
Gleichung	équation f
Halbierungslinie	bissectrice f
Halbmesser	rayon m
Hyperbel	hyperbole f
Kante	arête f
Kreis	cercle m
Kreislinie	circonférence f
Kugel	sphère f
Kurve	courbe f
Linie	ligne f
eine Linie ziehen	tirer une ligne
gebrochen	brisé
gekrümmt	courbe
gerade	droit
geradlinig	rectiligne
gleichlaufend	parallèle
kreisförmig	circulaire
schief, schräg	oblique
senkrecht	perpendiculaire
waagerecht	horizontal
Mathematik	mathématiques fpl
Mathematiker	mathématicien m
Mittelpunkt	centre m
Parabel	parabole f
Parallele	parallèle f
Parallelogramm	parallélogramme m
Potenz	puissance f
Prisma	prisme m
Pyramide	pyramide f
Quadrat	carré m
Raumlehre	géométrie dans l'espace f
rechnen, ausrechnen	calculer

Rechnung	calcul m
Differentialrechnung	calcul différentiel m
Integralrechnung	calcul intégral m
Rechteck	rectangle m
rechteckig	rectangulaire
Reihe	progression f
Rhombus	losange m
Scheitelpunkt	sommet m
Schlußfolgerung	conclusion f
Schnittpunkt	intersection f
Senkrechte	perpendiculaire f
Strecke	segment m
symetrisch	symétrique
Trapez	trapèze m
Unbekannte	inconnue f
Vieleck	polygone m
regelmäßiges Vieleck	polygone régulier m
unregelmäßiges Vieleck	polygone irrégulier m
Viereck	carré m
viereckig	carré
regelmäßiges Fünfeck	pentagone m
regelmäßiges Sechseck	hexagone m
regelmäßiges Achteck	octogone m
Winkel	angle m
Würfel	cube m

Physik	Sciences physiques
Akustik	acoustique f
akustisch	acoustique
anziehen	attirer
Anziehungskraft	attraction f
Astronautik	astronautique f
Astronomie	astronomie f
Atom	atome m
Atombombe	bombe atomique f
Atomkraft	énergie nucléaire f
Atomkraftwerk	centrale nucléaire f
Atomspaltung	fission de l'atome f
bestrahlen	irradier
Brechung	réfraction f
Detektor	détecteur m
Dynamik	dynamique f
dynamisch	dynamique
elektrisch	électrique
Elektrizität	électricité f
Elektrolyse	électrolyse f
Elektromagnetismus	électromagnétisme m

Elektron	électron m	Chemikalien	produits chimiques mpl
Elektronik	électronique f	Chemiker(in)	chimiste m, f
elektronisch	électronique	chemisch	chimique
Elektrotechnik	électrotechnique f	Chromosom	chromosome m
Geigerzähler	compteur Geiger m	Enzym	enzyme m
Hydraulik	hydraulique f	fest	solide
Ionisierung	ionisation f	flüssig	liquide
Kettenreaktion	réaction en chaîne f	Fortpflanzung	reproduction f
Kinetik	cinétique f	Gärung	fermentation f
Lichtstrahl	rayon lumineux m	gasförmig	gazeux, -euse
Magnet	aimant m	Gattung	genre m
Magnetfeld	champ magnétique m	Gen	gène m
Mechanik	mécanique f	Genetik	génétique f
mechanisch	mécanique	genetisch	génétique
Modul	module m	Genmanipulation	manipulation génétique f
Neutron	neutron m	Gerinnung	coagulation f
Optik	optique	Hormon	hormone f
optisch	optique	keimen	germer
Physik	physique f	Kondensation	condensation f
Astrophysik	astrophysique f	mischen	mélanger
Kernphysik	physique nucléaire f	Molekül	molécule f
physikalisch	physique	molekular	moléculaire
reagieren	réagir	Naturkunde	sciences de la nature fpl
Reaktor	réacteur m	Naturwissenschaft	sciences naturelles fpl
röntgen	radiographier	Neubildung	génération f
Röntgenstrahlen	rayons X	Reagenzglas	éprouvette f
Schallwelle	onde sonore f	Salz	sel m
Schwerkraft	gravité f	Säure	acide m
Schwerpunkt	centre de gravité m	schmelzen	fondre
Schwingung	vibration f	Sieden	ébullition f
Spektrum	spectre m	Stoff	substance f
Statik	statique f	Sauerstoff	oxygène m
statisch	statique	Stickstoff	azote m
Strahlung	radiations fpl	Wasserstoff	hydrogène m
Strom	courant m	verbinden	combiner
		Verbindung	combinaison f
Naturwissenschaften	**Sciences naturelles**	verdunsten	s'évaporer
		Verdunstung	évaporation f
Antikörper	anticorps m	Vererbung	hérédité f
Art	espèce f	Virus	virus m
auflösen	dissoudre	Vitamin	vitamine f
Auflösung	dissolution f	Wachstum	croissance f
Bakterie	bactérie f	zersetzen	décomposer
Base	base f		
Biologe, Biologin	biologue m, f		
Biologie	biologie f		
biologisch	biologique		
Biotechnologie	biotechnologie f		
Botanik	botanique f		
Chemie	chimie f		

12.3 Geisteswissenschaften — Les sciences humaines

Erziehungswissenschaft; Pädagogik	pédagogie f
Geisteswissenschaft	sciences humaines fpl
Kommunikationswissenschaft	sciences de la communication fpl
Philologie	philologie f
Philosophie	philosophie f
Psychologie	psychologie f
Rechtswissenschaft	droit m
Soziologie	sociologie f
Sprachwissenschaft	linguistique f

Sprachwissenschaft — Linguistique

Adjektiv; Eigenschaftswort	adjectif m
Adverb	adverbe m
Aktiv	voix active f
Das Verb steht im Aktiv.	Le verbe est à la voix active.
Alphabet	alphabet m
alphabetisch	alphabétique
Apposition; Beifügung	apposition f
Artikel	article m
bestimmter Artikel	article défini m
unbestimmter Artikel	article indéfini m
Attribut	épithète f
Ausdruck	expression f
ausdrücken, sich	s'exprimer
betonen	accentuer
Betonung	accentuation f
bezeichnen	désigner
Buchstabe	lettre f
Großbuchstabe	majuscule f
Kleinbuchstabe	minuscule f
Deklination	déclinaison f
deklinieren	décliner
Dialekt; Mundart	dialecte m
Endung	terminaison f
Fall	cas m
Akkusativ	accusatif m
Dativ	datif m
Genitiv	génitif m
Nominativ	nominatif m
Genus	genre m
männlich	masculin
weiblich	féminin
sächlich	neutre
Gerundium	gérondif m
Glossar	glossaire m
Grammatik	grammaire f
Indikativ	indicatif m
Infinitiv; Grundform	infinitif m
Partizip	participe m
Konjugation	conjugaison f
konjugieren	conjuguer
Konjunktion	conjonction f
Konjunktiv	subjonctif m
Konsonant	consonne f
Laut	son m
Objekt	objet m
Partizip	participe m
Partikel	particule f
Passiv	voix passive f, passif m
Das Verb steht im Passiv.	Le verbe est au passif.
Phonetik	phonétique f
Plural; Mehrzahl	pluriel m
Präposition	préposition f
Pronomen; Fürwort	pronom
Rechtschreibung	orthographe m
Redewendung	tournure f
Regel	règle f
Satz	phrase f
Fragesatz	proposition interrogative f
Hauptsatz	proposition principale f
Infinitivsatz	proposition infinitive f
Nebensatz	proposition subordonnée f
Satzzeichen	signe de ponctuation m
Anführungsstriche	guillemets mpl
Ausrufezeichen	point d'exclamation m
Bindestrich	trait d'union m
Doppelpunkt	deux points mpl
Fragezeichen	point d'interrogation m
Gedankenstrich	tiret m
Klammer	parenthèse f
in Klammern setzen	mettre entre parenthèses

Komma	virgule f	Vergangenheit	passé m
Punkt	point m	Verneinung	négation f
Semikolon	point-virgule m	Vokal	voyelle f
Silbe	syllabe f	Wort	mot m
Singular; Einzahl	singulier m	Wörterverzeichnis	index m
Sprache	langue f; langage m	Wortschatz	vocabulaire m
Umgangssprache	langage familier m	wortwörtlich	littéral
Sprachwissenschaft	linguistique f	Wurzel	racine f
Stamm	radical m	Zahlwort	adjectif numéral m
Steigerung	comparaison f	Zeichensetzung	ponctuation f
Steigerungsstufe	degré de compa-	Zeit (des Verbs)	temps (du verbe) m
	raison m	Imperfekt	imparfait m
Subjekt	sujet m	Konditional; Bedin-	conditionnel m
Substantiv; Hauptwort	nom m; substantif m	gungsform	
Syntax	syntaxe f	Perfekt	passé composé m
Terminologie	terminologie f	Plusquamperfekt	plus-que-parfait m
(un)trennbar	(in)séparable	Präsens; Gegenwart	présent m
Verb	verbe m	Zukunft	futur m
(un)regelmäßiges	verbe (ir)régulier m	Zeitenfolge	concordance des
Verb			temps f
unpersönliches Verb	verbe impersonnel m		

13.1 Verfassung, Politik
La constitution, la politique

Abgeordnete(r)	(femme f) député m
Abgeordnetenhaus	Chambre des députés f
Abgeordnetenmandat	mandat parlementaire m
Abrüstung	désarmement m
Ausländer(in)	étranger m, étrangère f
Ausschuß	commission f
Außenpolitik	politique extérieure
Autonomie	autonomie f
beraten	délibérer
Beratung	délibération f
Bund	la Fédération; Verband union f
Bundeskanzler	chancelier fédéral m
Bundesrat	conseil fédéral m
Bundesstaat	état fédéral m
Bundestag	parlement fédéral m
Bund und Länder	la Fédération et les länder
Debatte	débats mpl
Demokratie	démocratie f
demokratisch	démocratique
Demonstration	manifestation f
Dezentralisierung	décentralisation f
Großmacht	grande puissance f
Erklärung	déclaration f
Fahne, Flagge	drapeau m, pl drapeaux
Fraktion	groupe parlementaire m
Fraktionsvorsitzender	chef de file d'un groupe parlementaire m
Freiheit	liberté f
führen, leiten	diriger
Geheimdienst	services secrets mpl
Gesetzgebung	législation f
Gesetz	loi f
gesetzlich	légal
(Staats)Gewalt	pouvoir m
gesetzgebende Gewalt	pouvoir législatif m
richterliche Gewalt	pouvoir judiciaire m
vollziehende Gewalt	pouvoir exécutif m
Gleichheit	égalité f

Grundgesetz	loi fondamentale f
Grundrecht	droit fondamental m
Haushalt	budget m
Hoheitsgewalt	souveraineté f
Immunität	immunité f
Innenpolitik	politique intérieure f
Interessengruppe	groupe de pression m
Kabinett	cabinet m
Koalition	coalition f
Macht	pouvoir m; puissance f
an der Macht sein	être au pouvoir
Ministerium	ministère m
Minister	ministre m
Arbeitsminister	ministre du Travail
Außenminister	ministre des Affaires Etrangères
Finanzminister	ministre des Finances
Innenminister	ministre de l'Intérieur
Justizminister	ministre de la Justice
Kultusminister	ministre de l'Education Nationale et de la Culture
Landwirtschaftsminister	ministre de l'Agriculture
Verkehrsminister	ministre des Transports
Verteidigungsminister	ministre de la Défense Nationale
Wirtschaftsminister	ministre de l'Economie
Ministerpräsident	ministre président m
Ministerrat	Conseil des ministres m
Mißtrauensantrag	motion de censure f
Nationalversammlung	Assemblée nationale f
Nation	nation f
Nationalismus	nationalisme m
Opposition	opposition f
Parlament	parlement m
Parlamentssitzung	session parlementaire f
Partei (politische)	parti (politique) m
in eine Partei eintreten	adhérer à un parti
rechtsextremistische Partei	parti d'extrême-droite
CDU/CSU	Chrétiens démocrates mpl

FDP	Libéraux mpl
Die Grünen	les Verts mpl
Die Mitte	le centre m
Die Linke	la gauche f
Die Rechte	la droite f
SPD	Sociaux démocrates mpl
konservativ	conservateur, -trice
Parteifunktionär(in)	permanent m
Parteiführer	leader m
Parteimitglied	membre du parti m
aktives Parteimitglied	militant(e) m(f)
Parteisitz	siège du parti m
Parteitag	congrès du parti m
Parteivorsitzende(r)	président(e) m(f) du parti
Politiker(in)	homme m, femme f politique; politique m
Politik	politique f
politisch	politique
Die politische Lage ist gespannt.	La situation politique est tendue.
politisch links stehen	être de gauche
politisch rechts stehen	être de droite
Präsident(in)	président(e) m(f)
Präsidentenwahl	élections présidentielles fpl
Präsidentschaft	présidence f
Protest	contestation f
ratifizieren	ratifier
Reform	réforme f
regieren	gouverner
Regierung	gouvernement m
Regierungschef	chef de gouvernement m
die Regierung bilden	former le gouvernement
Regierungsform	régime m
Regierungskreise	milieux gouvernementaux mpl
Regierungssitz	siège du gouvernement m
Regierungsumbildung	remaniement ministériel m
Republik	république f
republikanisch	républicain
Rücktritt	démission f
seinen Rücktritt erklären	donner sa démission
Selbstbestimmung	autodétermination f
Senat	Sénat m
Senator(in)	sénateur m, femme f sénateur
Sitzung	séance f
Sozialismus	socialisme m
Staat	état m
Staatenbund	confédération f
Staatsangehörigkeit	nationalité f
Staatsbürger(in)	citoyen m, -enne f
Staatsgeschäfte	affaires publiques fpl
Staatsgewalt	pouvoir public m
Staatsoberhaupt	chef d'Etat m
Staatspräsident(in)	président(e) m(f) de la République
Staatsrecht	droit public m
Staatssekretär	secrétaire d'Etat m
tagen	siéger
Tagesordnung	ordre du jour m
Unabhängigkeit	indépendance f
unabhängig	indépendant
Veränderung, Wechsel	changement m
Verantwortung	responsabilité f
Verfassung	constitution f
Verfassungsänderung	révision constitutionnelle f
Verfassungsrecht	droit constitutionnel m
Verordnung	ordonnance f; décret m
Versammlung	assemblée f
Vertrauensvotum	vote de confiance m
vertreten	représenter
Vizepräsident(in)	vice-président(e) m(f)
Volksabstimmung	référendum m
Volksrepublik	république populaire f
Volksvertreter(in)	député m, femme f député
Vorherrschaft	hégémonie f
zurücktreten	démissionner
Zustimmung	accord m

Wahlen	**Les élections fpl**
ablehnen	rejeter
absolute Mehrheit	majorité absolue f
Abstimmung	vote m; scrutin m
annehmen	adopter

Auszählung der Stimmen	dépouillement du scrutin m
Beschluß	résolution f
einen Beschluß fassen	prendre une résolution f
einstimmig	à l'unanimité
Das Gesetz wurde einstimmig verabschiedet.	La loi a été votée à l'unanimité.
Gesetzesentwurf	projet de loi m
Kandidat	candidat m, candidate f
kandidieren	se porter candidat(e)
Mehrheit	majorité f
Meinungsumfrage	sondage d'opinion m
Minderheit	minorité f
Parlamentswahl	élections législatives fpl
Präsidentenwahl	élections présidentielles fpl
Präsidentschaftskandidat	candidat à la présidence m
Programm	programme m
Stichwahl	ballotage m
Stimmenthaltung	abstention f
Stimmenmehrheit	majorité des voix f
Stimme	voix f; suffrage m
Stimmzettel	bulletin de vote m
überstimmt werden	être mis en minorité
Volksabstimmung	plébiscite m
Volksentscheid	référendum m
Wahl	élection f; scrutin m
geheime Wahl	scrutin secret
Wahlen zum Bundestag	élections législatives fpl
Wählbarkeit	éligibilité f
wählbar	éligible
wahlberechtigt	qui a le droit de vote
Wahlbeteiligung	participation aux élections f
Wahlbetrug	fraude électorale f
wählen; abstimmen	voter (pour); élire (qn)
Er ist zum Präsidenten gewählt worden.	Il a été élu président.
Wahlergebnis	résultat des élections m
Wähler(in)	électeur m, électrice f
Wählerliste	liste électorale f

Wahlgang, erster	premier tour de scrutin m
Wahlkampf	campagne électorale f
Wahlkreis	circonscription électorale f
Wahllokal	bureau de vote m
Wahlniederlage	défaite électorale f
Wahlplakat	affiche électorale f
Wahlrecht	droit de vote m
Wahlsieg	victoire électorale f
Wahlsystem	mode de scrutin m
Wahlurne	urne f
Wahlversammlung	réunion électorale f

diplomatisches Korps | **Le corps diplomatique**

abbrechen	rompre
Abkommen	accord m
anerkennen	reconnaître
Anerkennung	reconnaissance f
Annäherung	rapprochement m
Anpassung	alignement m (sur)
Anspruch	revendication f
Anspruch erheben (auf)	revendiquer (qc)
Attaché	attaché m
Beziehung	relation f
die deutsch-französischen Beziehungen	les relations franco-allemandes
die diplomatischen Beziehungen abbrechen	rompre les relations diplomatiques
Botschaft	ambassade f
Botschafter(in)	ambassadeur m, ambassadrice f
Bündnis	alliance f
Delegationschef	chef de délégation m
Diplomatie	diplomatie f
diplomatisch	diplomatique
Druck	pression f
Druck ausüben	faire pression
einmischen, sich (in)	s'ingérer (dans)
einseitig	unilatéral
Embargo	embargo m
Entspannung	détente f
Entspannungspolitik	politique de détente f
Entwicklung	évolution f

Entwicklungshilfe	aide au développement f; coopération f
Generalkonsul	consul général m
Geschäftsträger	chargé d'affaires m
Gesprächspartner	interlocuteur m
Gipfeltreffen	réunion au sommet f
Handelsattaché	attaché commercial m
international	international
Konsul	consul m
Konsulat	consulat m
Krise	crise f
Maßnahme	mesure f
Maßnahmen treffen	prendre des mesures
Militärattaché	attaché militaire m
NATO	l' O.T.A.N. f
Neutralität	neutralité f
neutral	neutre
Pakt	pacte m
Regierungssprecher	porte-parole m
Sicherheitsrat	Conseil de Sécurité m
Spannung	tension f
Treffen	rencontre f
umstritten	contesté
UNO	l'ONU f
Unterredung	entretien m
unterzeichnen	signer
Vereinbarung	convention f
Vereinigung	unification f
die Vereinten Nationen	les Nations Unies fpl
verhandeln	négocier
Verhandlungen	négociations fpl; pourparlers mpl
Vermittler	médiateur m
Verschärfung	recrudescence f
verschlechtern, sich	se détériorer
Verstärkung	intensification f
Vertrag	traité m; accord m
einen Vertrag schließen	conclure un accord
Vetorecht	droit de veto m

13.2 Polizei   La police

Alkoholtest	alcootest m
ausliefern	extrader
Auslieferung	extradition f

ausweisen	expulser
Ausweisung	expulsion f
aufnehmen	faire un constat
eingreifen	intervenir
ermitteln, untersuchen	faire une enquête, enquêter sur
Ermittlung	enquête f
fahnden (nach)	rechercher quelqu'un
Festnahme; Verhaftung	arrestation f
festnehmen	arrêter
Fingerabdruck	empreinte digitale f
Gummiknüppel	matraque f
Hausdurchsuchung	perquisition f
Handschellen	menottes fpl
niederknüppeln	matraquer
Ordnungskräfte	forces de l'ordre fpl
Phantombild	portrait-robot m
Polizei	police f
Kriminalpolizei	police judiciaire f
Sicherheitspolizei	la Sûreté nationale f
Sittenpolizei	police des mœurs f
Verkehrspolizei	police de la route f
Polizeikommissar	commissaire de police m
Polizeipräsident	préfet de police m
Polizeipräsidium	préfecture de police f
Polizeirevier	commissariat de police m
Polizeistreife	patrouille de police f
polizeilich	de police; policier, -ière
unter polizeiliche Aufsicht stellen	placer en surveillance
Polizeiwache	poste de police m
Polizist(in)	agent de police m, F flic m
Politesse	contractuelle f
Protokoll	constat m
Protokoll aufnehmen	faire un constat
Razzia	rafle f
Steckbrief	mandat d'arrêt m
Streifenwagen	voiture de patrouille f
Tränengas	gaz lacrymogène m
Überwachung	surveillance f
verhaften	arrêter
Verhör	interrogatoire m
verhören	faire subir un interrogatoire

13.3 Justiz — La justice

Gerechtigkeit	justice f
Gesetz	loi f
BGB	Code civil m
StGB	Code pénal m
Gesetzgebung	législation f
gesetzlich, rechtmäßig	légal
Gesetzlichkeit	légalité f
gesetzwidrig, rechts-widrig	illégal
Gesetzwidrigkeit	illégalité f
Gültigkeit	validité f
Haftung	responsabilité f
Recht	droit m
Handelsrecht	droit commercial m
Steuerrecht	droit fiscal m
Strafrecht	droit pénal m
Zivilrecht	droit civil m
Strafgerichtsbarkeit	juridiction civile f
Verwaltungsgerichts-barkeit	juridiction administrative f
Ungerechtigkeit	injustice f

Delikte — Les délits

Anschlag	attentat m
Bombenanschlag	attentat à la bombe m
beleidigen	injurier
Beleidigung	injure diffamatoire f
bestechen	corrompre
Bestechung	corruption f
betrügen	escroquer
Betrug	escroquerie f
Versicherungsbetrug	escroquerie à l'assurance f
Betrüger	escroc m
Brandstifter	auteur d'un incendie criminel m
Brandstiftung	incendie criminel m
Delikt, strafbare Handlung	délit m
Dieb(in)	voleur m, -euse f
Diebstahl	vol m
Ladendiebstahl	vol à l'étalage m
einbrechen	pénétrer avec effrac-tion; cambrioler
In unsere Wohnung ist eingebrochen worden.	On a été cambriolé.
Einbrecher	cambrioleur m

Einbruchsdiebstahl	vol avec effraction m
entführen	enlever
Entführer	kidnappeur m
Flugzeugentführer	pirate de l'air m
Entführung	enlèvement m
Flugzeugentführung	détournement d'avion m
erpressen	faire chanter
Erpresser(in)	auteur d'un chantage m
Erpressung	chantage m
Fahrerflucht	délit de fuite m
Freiheitsberaubung	séquestration f
Gangster	gangster m
Gangsterbande	gang m
Geisel	otage m
Geiselnahme	prise d'otage f
Gewalt	violence f
gewalttätig	violent
Grabschändung	profanation de sépulture f
Hausfriedensbruch	violation de domicile f
Kriminalität	délinquance f
Jugendkriminalität	délinquance juvénile f
Mafia	maf(f)ia f
Mafioso	maf(f)ieux m
Meineid	faux témoignage m
mißhandeln	maltraiter
Mißhandlung	sévices corporels mpl
Mord	meurtre m; assassinat m
einen Mord begehen	commettre un meurtre
Mörder	assassin m
Motiv	mobile m
Notwehr	légitime défense f
Raub	vol m (avec violence)
bewaffneter Raub	vol à main armée m
Raubüberfall	hold-up m
Rauschgifthandel	trafic de stupé-fiants m
Rauschgifthändler	trafiquant de stupéfiants m
Sachbeschädigung	déprédation f
Schlägerei	bagarre f
sexuelle Belästigung	harcèlement sexuel m

stehlen	voler
Steuerhinterziehung	fraude fiscale f
Tatbestand	faits mpl
auf frischer Tat ertappt	pris en flagrant délit
töten	tuer
Totschlag	homicide m (volontaire)
Tötung, fahrlässige	homicide involontaire m
Überfall	attaque f
Übertretung	infraction f
üble Nachrede	calomnie f
Unterschlagung	détournement de fonds m
Unterwelt	milieu m
Verbrechen	crime m
Verbrecher	criminel m
vergewaltigen	violer
Vergewaltigung	viol m
Verleumdung	diffamation f
Verrat	trahison f
Hochverrat	haute trahison f
Landesverrat	atteinte à la sûreté extérieure de l'Etat f
Verräter	traître m
Veruntreuung	malversation f
Vorbedacht	préméditation f
Vorsatz	intention f
Vorbestrafter	récidiviste m

Gerichtsverfahren — La procédure

Akten	dossier m
Amtsgericht	tribunal d'instance m
Angeklagte(r)	accusé(e) m(f); prévenu(e) m(f)
Anklage	accusation f
Anklagerede	réquisitoire m
Anklageschrift	acte d'accusation m
Anklagevertreter	ministère public m
Anstifter(in)	instigateur m , -trice f
Anzeige erstatten (gegen)	porter plainte (contre)
Aussage	déposition f; témoignage m
aussagen	faire une déposition; témoigner
begnadigen	grâcier

Begnadigung	grâce f
Beklagte(r)	accusé(e) m(f)
Berufung	appel m; recours m
Berufung einlegen	faire appel
Beschuldigte(r)	inculpé(e) m(f)
bestrafen	punir
Bewährung	sursis m
Beweis	preuve f
beweisen	prouver
Beweislast	charge de preuve f
Bundesgerichtshof	Cour fédérale suprême f
Durchsuchung	perquisition f
Eid	serment m
erscheinen	comparaître
Fall	cas m
Formfehler	vice de forme m
Freiheit	liberté f
Freiheitsstrafe	peine d'emprison- nement f
freilassen	mettre en liberté
Freilassung	mise en liberté f
Freispruch	acquittement m
freisprechen	acquitter
Führerscheinentzug	retrait du permis de conduire m
Gefängnis	prison f
sechs Monate Gefäng- nis mit Bewährung	six mois de prison avec sursis
Gefängniswärter	gardien de prison m
Geldstrafe	amende f
Gericht	tribunal m, pl tribunaux
Gerichtsdiener	huissier m (d'audience)
Gerichtsgebäude	palais de justice m
Gerichtshof	cour de justice f
Gerichtssaal	salle f (d'audience)
Gerichtsvollzieher	huissier m
Geschworenen	jurés mpl
Geständnis	aveu m, pl aveux
gestehen	avouer
Gnadengesuch	recours en grâce m
Gutachten	expertise f
Gutachter	expert m
Haft	détention f
inhaftieren	incarcérer
Justizirrtum	erreur judiciaire f
Klage (gerichtliche)	plainte (en justice) f

Klage erheben (gegen)	porter plainte (contre); intenter un procès
Kläger(in)	plaignant(e) m(f)
Landgericht	tribunal de grande instance m
lebenslänglich	à perpétuité
leisten (Eid)	prêter serment
leugnen	nier
Pfändung	saisie f
pfänden	saisir
Prozeß	procès m
rechtfertigen, sich	se justifier
Rechtsanwalt, Rechtsanwältin	avocat(e) m(f)
Rechtsmittel	voies de recours fpl
Rechtsstreit	litige m
Richter(in)	juge m, femme f juge
Schadenersatz	dommages-inté-rêts mpl
Schuld	culpabilité f
schuldig	coupable
schwören	jurer; prêter serment
Schwurgericht	cour d'assises f
Staatsanwalt	procureur général m
Staatsanwaltschaft	parquet m
Strafanstalt	établissement pénitentiaire m
strafbar machen, sich	encourir une peine
Strafe	peine f
Strafgefangene(r)	détenu(e) m(f)
Strafkammer	chambre correction-nelle f
Strafmilderungsgrund	circonstance atténuante f
Streit	litige m
Todesstrafe	peine de mort f
unschuldig	innocent
unter Ausschluß der Öffentlichkeit	à huis clos
Untersuchung	enquête f
Untersuchungsrichter	juge d'instruction m
Urkundsbeamter	greffier m
Urteil	jugement m
ein Urteil fällen	prononcer un jugement
verhaften	arrêter
Verhaftung	arrestation f
Verhör	interrogatoire m

verhören	(faire) subir un interrogatoire
Verjährung	prescription f
verteidigen	défendre
Verteidiger	avocat m (de la défense)
Verteidigungsrede	plaidoirie f
verurteilen	condamner
Verurteilung	condamnation f
Vorbestrafter	récidiviste m
vorladen	assigner; citer en justice
Zeuge, Zeugin	témoin m
Zeugenstand	barre des témoins f
Zeugenvernehmung	audition des témoins f

13.4 Verteidigungswesen — La défense nationale

Verbände — Unités

Abteilung	section f
Armee; Heer	armée f
Armeekorps	corps d'armée m
Artillerie	artillerie f
Ausbildung	instruction f
Bataillon	bataillon m
Befehl	ordre m
befehligen	commander
Brigade	brigade f
Dienstgrad	grade m
Division	division f
einberufen	appeler
einziehen	mobiliser
Fallschirmjäger	parachutiste m; F para m
Flotte	flotte f
Flugabwehr	D.C.A. f
freiwillig	volontaire
sich freiwillig melden	se porter volontaire
Freiwilliger	engagé m
Geleitschutz	escorte f
unter Geleitschutz	sous escorte
Generalstab	état-major m
gepanzert	blindé
Gliederung	formation f
Gruppe	groupe m
Infanterie	infanterie f
Jahrgang	classe f

Kaserne	caserne f
Kavallerie	cavalerie f
Kompanie	compagnie f
Kreuzer	croiseur m
Kriegsdienstver-	objecteur de
weigerer	conscience m
Luftschutz	défense anti-
	aérienne f
Luftwaffe	armée de l'air f
Manöver	manœuvres fpl
Marsch	marche f
marschieren	marcher au pas
Militär	armée f
zum Militär gehen	entrer dans l'armée
militärisch	militaire
Musterung	révision f
Panzerabwehr	défense antichars f
Panzerdivision	division blindée f
Parade	défilé m
Pionier	sapeur m
Posten	sentinelle f
Regiment	régiment m
Rekrut	recrue f
Soldat	soldat m
Staffel	escadrille f
Standort	garnison f
Streitkräfte	forces armées fpl
Truppe	troupe f
Luftlandetruppen	troupes aéropor-
	tées fpl
Panzertruppen	unités blindées fpl
Uniform	uniforme m
Verband	unité f
Wachablösung	relève de la garde f
Wache	garde f
Wache stehen	monter la garde
Wehrdienst	service militaire m
seinen Wehrdienst	faire son service
leisten	militaire
Wehrpflicht	service militaire
leisten	obligatoire m

Dienstgrade

Grades

Admiral	amiral m
Feldmarschall	maréchal m
Feldwebel	adjudant m
Gefreiter	caporal m
General	général m
Generalstab	état-major m

Hauptmann	capitaine m
Kapitän zur See	capitaine de
	vaisseau m
Leutnant	sous-lieutenant m
Oberbefehlshaber	commandant en
	chef m
Oberleutnant	lieutenant m
Oberst	colonel m
Major	commandant m
Matrose	matelot m
Soldat	soldat m
einfacher Soldat	deuxième classe m
Stabsunteroffizier	sergent m
Offizier	officier m
Unteroffizier	sous-officier m

Rüstung

L'armement

Abrüstung	désarmement m
Atombombe	bombe atomique f
Atomsprengkopf	ogive nucléaire f
Aufklärungsflugzeug	avion de recon-
	naissance m
Aufrüstung	armement m
bewaffnen	armer
Bombe	bombe f
bombardieren	bombarder
Flugzeugträger	porte-avions m
Geschütz	pièce d'artillerie f
Gasmaske	masque à gaz
Geschoß	projectile m
Gewehr	fusil m
Granate	obus m
Handgranate	grenade f à main
Helm	casque m
Granatwerfer	mortier m
Jagdbomber	bombardier m
Jagdflugzeug	avion de chasse m
Kampfgas	gaz de combat m
Kanone	canon m
Kriegsschiff	navire de guerre m
Kugel	balle f
Luftbrücke	pont aérien m
Maschinengewehr	mitrailleuse f
Maschinenpistole	mitraillette f
Munition	munitions fpl
Munitionslager	dépôt de muni-
	tions m
nukleare Ab-	dissuasion nucléaire f
schreckung	

13 Staat

Panzer	char d'assaut m
Patrone	cartouche f
Pistole	pistolet m
Rakete	missile m; fusée f
Raketenträger	porteur de missiles m
Raketenwerfer	lance-missiles m
Rüstungswettlauf	course aux armements m
Sprengkörper	engin explosif m
Sprengstoff	explosif m
Torpedoboot	torpilleur m
U-Boot	sous-marin m
Waffe	arme f
Wiederaufrüstung	réarmement m
Zerstörer	destroyer m

Kriegsoperationen	**Opérations militaires**
abschießen	abattre
abstürzen	s'écraser au sol
Abwehr	défense f
angreifen	attaquer
Angriff	attaque f
Atomkrieg	guerre nucléaire f
Ausnahmezustand	état d'urgence m
Ausgangssperre	couvre-feu m
befreien	libérer
Befreiung	libération f
belagern	assiéger
Belagerung	siège m
beschießen	tirer sur; *Artillerie* bombarder
besetzen	occuper
Besetzung	occupation f
Bürgerkrieg	guerre civile f
eingreifen	intervenir
Einsatz der Truppen	intervention militaire f
Embargo	embargo m
das Embargo aufheben	lever l'embargo
ergeben, sich	se rendre
erobern	conquérir
Eroberung	conquête f
evakuieren	évacuer
Explosion	explosion f
Feind	ennemi m
Feuereinstellung	cessez-le-feu m
Fliegeralarm	alerte aérienne f
fliehen	fuir

Flucht	fuite f
Folter	torture f
Front	front m
gefährden	mettre en danger; menacer
gefallen	mort à la guerre
Gefangene(r)	prisonnier m, prisonnière f
gefangennehmen	faire prisonnier; capturer
Gegner	adversaire m
Guerilla	guérilla f
Guerilla-Kämpfer	guérillero m
Hauptquartier	quartier général m
Invasion	invasion f
Kampf, Gefecht	combat m
kämpfen	combattre
Kapitulation	capitulation f
kapitulieren	capituler
Konflikt	conflit m
Krieg	guerre f
Kriegserklärung	déclaration de guerre f
Lazarett	hôpital militaire m
Luftangriff	attaque aérienne f
Luftstützpunkt	base aérienne f
Niederlage	défaite f
Opfer	victime f
plündern	piller
Rebell	rebelle m
Rückzug	retraite f
schießen	tirer
Sieg	victoire f
Schlacht	bataille f
Schuß	coup de feu m
Tarnung	camouflage m
Tote(r)	mort(e) m(f)
töten; umbringen	tuer
umzingeln	encercler
verfolgen	poursuivre
Vergeltungsschlag	représailles fpl
verletzt	blessé
schwer verletzt	grièvement blessé
Verlust	perte f
vermißt	disparu
vernichten	anéantir
versenken	couler (navire)
verteidigen	défendre
Verteidigung	défense f
zerstören	détruire

Zerstörung	destruction f	Waffenstillstand	armistice m
Zivilist	civil m	Warnung	avertissement m
Zwischenfall	incident m	Widerstand	résistance f
Waffenruhe	suspension des hostilités f		

Angebot	offre f
ein Angebot machen	faire une offre
Das Angebot übersteigt die Nachfrage.	L'offre dépasse la demande.
ankurbeln	relancer; redresser
Ankurbeln des Konsums	relance de la consommation f
aufbauen	monter, créer (avec succès)
Aufschwung	essor m; reprise f
Ausweitung	expansion f
Automatisierung	automatisation f
Bedarf	besoins mpl
Beschäftigung	emploi m
Vollbeschäftigung	plein-emploi m
Dienstleistung	prestation de service f
Dienstleistungsunternehmen	société de services f
Erschließung	ouverture f
die Europäische Union (EU)	l'Union Européenne (UE) f
Flaute	stagnation f
Gewerbe	activité artisanale et commerciale f
gewerblich	commercial
Inflation	inflation f
Inflationsrate	taux d'inflation m
Kaufkraft	pouvoir d'achat m
Konjunktur	conjoncture f
Konkurrenz	concurrence f
konkurrenzfähig	compétitif, -ive
Kostenvoranschlag	devis m
Leistung	rendement m
Markt	marché m
ein Erzeugnis auf den Markt bringen	commercialiser un produit
Marktanalyse	étude de marché f
Marktanteil	part de marché m
Marktwirtschaft	économie de marché f
Nachfrage	demande f
Produkt	produit m
Produktivität	productivité f
Rationalisierung	rationalisation f
Rezession	récession f
Rückgang	ralentissement m
Sektor	secteur m
Schwierigkeit	difficulté f
Verbrauch	consommation f

verbrauchen	consommer
Verbraucher(in)	consommateur m, -trice f
Verbraucherpreis	prix à la consommation m
Verbraucherschutz	défense des consommateurs f
verringern, abnehmen	diminuer
wachsen, zunehmen	accroître
Wachstum, Zunahme	accroissement m
Wachstumsrate	taux de croissance m
Warenkorb	panier de la ménagère m
Wiederbelebung	reprise f
Wiederbelebung der Wirtschaft	reprise de l'activité économique f
Wirtschaft	économie f
wirtschaftlich	économique
Wirtschaftskrise	crise économique f
Wirtschaftsleben	vie économique f

14.1 Berufsleben La vie professionnelle

Abfindung	indemnité de licenciement f
Altersrente	(pension f de) retraite f
Amt	emploi m; fonctions fpl
anpassen	ajuster; adapter
die Löhne anpassen	ajuster les salaires
Arbeit	travail m; F boulot m
körperliche Arbeit	travail physique m
Fließbandarbeit	travail à la chaîne m
Halbtagsarbeit	travail à mi-temps m
Heimarbeit	travail à domicile m
Kurzarbeit	chômage partiel m
Schwarzarbeit	travail au noir m
Teilzeitarbeit	travail à temps partiel m
Vollzeitarbeit	travail à temps complet m
Zeitarbeit	intérim m
arbeiten	travailler
Arbeitgeber(in)	employeur m; patron m, patronne f
Arbeitnehmer(in)	salarié(e) m(f)

Arbeitsamt	l'ANPE f (Agence nationale pour l'Emploi)
Arbeitsbedingungen	conditions de travail fpl
Arbeitskräfte	main d'œuvre f
arbeitslos	au chômage
Sie ist seit einem Jahr arbeitslos.	Elle est depuis un an au chômage.
Arbeitslose(r)	chômeur m, -euse f
Arbeitssuchende(r)	demandeur d'emploi m
Arbeitslosenrate	taux de chômage m
Arbeitslosengeld	allocation de chômage f
Arbeitslosenhilfe	allocation de solidarité f
Arbeitslosigkeit	chômage m
Arbeitsmarktlage	situation de l'emploi f
Arbeitsniederlegung	débrayage m
Arbeitsplatz	emploi m; travail m
Arbeitstag	jour ouvré m
Arbeitsteilung	partage du travail m
Arbeitsunfall	accident du travail m
Arbeitsvertrag	contrat de travail m
befristeter Arbeitsvertrag	CDD (contrat de travail à durée déterminée) m
unbefristeter Arbeitsvertrag	CDI (contrat de travail à durée indéterminée) m
Arbeitszeit	horaires de travail mpl; temps de travail m
gleitende Arbeitszeit	travail à la carte m; horaire mobile m
Arbeitszeitverkürzung	réduction du temps de travail f
Arbeitszeugnis	certificat de travail m
Belegschaft	effectifs mpl; personnel m
Beruf	profession f; métier m
freie Berufe	professions libérales
Nebenberuf	activité secondaire f
Was sind Sie von Beruf?	Quelle est votre profession ? Qu'est-ce que vous faites dans la vie?
einen Beruf ausüben	exercer une profession
Berufsaussichten	débouchés mpl
Berufserfahrung	expérience professionnelle f
Berufsleben	vie professionnelle f
Berufstätigkeit; Erwerbstätigkeit	activité professionnelle f
berufstätig sein	exercer une activité professionnelle
die Berufstätigen	les actifs; la population active
beschäftigen	employer
Beschäftigter	personne ayant un emploi f
Beschäftigung	emploi m
Betrieb	entreprise f
Betriebsrat	comité d'entreprise m
bewerben, sich (um)	poser sa candidature (à)
Bewerber(in)	candidat(e) m(f)
Bewerbung	candidature f
Bewerbungsschreiben	lettre de candidature f
Büroarbeit	travail de bureau m
Chef(in)	chef m; patron m, patronne f
Personalchef(in)	directeur m, -trice f des ressources humaines
einstellen	engager; embaucher
Einkommen	revenus mpl
entlassen	licencier
Entlassung	licenciement m
Firma	firme f
fordern	revendiquer
Forderung	revendication f
Fortbildung	formation continue f
Führung	gestion f; management m
Gastarbeiter	travailleur immigré m
Gehalt	*von Angestellten* salaire m; *von Beamten* traitement m
Gehaltsabrechnung	bulletin de salaire m
Gehaltsabzug	retenue sur le salaire f

14 Wirtschaftsleben

Gehaltsempfänger(in)	salarié(e) m(f)	Prämie	prime f
Gehaltserhöhung	augmentation de salaire f	Rentner(in)	retraité(e) m(f)
		Ruhestand	retraite f
Gehaltsgruppe	catégorie de salaire bzw. de traitement f	in den Ruhestand treten	prendre sa retraite
Gewerkschaft	syndicat m	Schicht	équipe f
Gewerkschaftsführer	dirigeant syndical m	Schicht arbeiten	faire les trois huit
gewerkschaftlich	syndical	selbständig, freiberuflich	indépendant, à son compte
Handelskammer	chambre de commerce et d'industrie (CCI) f	sich selbständig machen	se mettre à son compte
		spezialisiert	qualifié
Handwerk	métier m	Stechuhr	horloge pointeuse f
handwerklich	artisanal	Stelle	place f; emploi m
Handwerkskammer	chambre des métiers f	die Stelle wechseln	changer d'emploi
Hilfskraft	aide m, f; auxiliaire m, f	Stellenangebot	offre d'emploi f
		Stellengesuch	demande d'emploi f
Kollege, Kollegin	collègue m, f	stempeln	pointer
krankgeschrieben sein	être en congé de maladie	Streik	grève f
		streiken	faire la grève
kündigen	Arbeitgeber licencier; Arbeitnehmer donner son congé	suchen	chercher
		Arbeit suchen	chercher du travail
		Tarif	grille des salaires f
Kündigung	licenciement m; congé m	Tarifvertrag	convention collective f
Kündigungsfrist	délai de préavis m	Tätigkeit	activité f
Lebenslauf	curriculum vitae, CV m	Überstunde	heure supplémentaire f
Lehre	apprentissage m	Umschulung	recyclage m
Lehrling, Auszubildende(r)	apprenti(e) m(f)	Unternehmen	entreprise f
		Urlaub	congés mpl
Leitung	direction f	bezahlter Urlaub	congés payés
Lohn	salaire m	Bildungsurlaub	congé de formation
gesetzlicher Mindestlohn	S.M.I.C. od. SMIC m (salaire minimum interprofessionnel de croissance)	Jahresurlaub	congés annuels
		Mutterschaftsurlaub	congé de maternité
		verantwortlich	responsable
		verdienen	gagner
		seinen Lebensunterhalt verdienen	gagner sa vie
Stundenlohn	salaire horaire m	Verdienstausfall	manque à gagner m
Monatslohn	salaire mensuel m	vergüten	rémunérer
Lohnkosten	charges salariales fpl	Vergütung	rémunération f
Mitarbeiter(in)	collaborateur m, -trice f	Werk	usine f
		Werktag	jour ouvrable m
Partner(in)	associé(e) m(f)		
Personal	personnel m; ressources humaines fpl		

14.2 Berufe — Les professions

Praktikant(in)	stagiaire m(f)	Berufsgruppen	Les catégories socio-professionnelles
Praktikum	stage m	Angestellte(r)	employé(e) m(f)

leitende(r) Angestellte(r)	cadre supérieur m
Arbeiter(in)	ouvrier m, ouvrière f
angelernter Arbeiter	ouvrier spécialisé m
Facharbeiter	ouvrier qualifié m
ungelernter Arbeiter	manœuvre m
Beamter, Beamtin	fonctionnaire m, f
Berufsgruppe	catégorie socio-professionnelle f
Führungskraft	cadre supérieur m
mittlere Führungskraft	cadre moyen m
Handwerker	artisan m
Händler	commerçant m
Einzelhändler	détaillant m
Großhändler	grossiste m; marchand en gros m
Zwischenhändler	intermédiaire m

Berufsbezeichnungen   Noms de professions

Apotheker(in)	pharmacien m, -ienne f
Architekt(in)	architecte m, f
Arzt, Ärztin	médecin m, f
Bäcker	boulanger m
Bankangestellte(r)	employé(e) m(f) de banque
Bergarbeiter	mineur m
Bote	coursier m
Brauer	brasseur m
Buchbinder	relieur m
Buchhalter, -halterin	(agent) comptable m, f
Buchhändler(in)	libraire m, f
Buchprüfer	expert comptable m, f
Dachdecker	couvreur m
Dirigent	chef-d'orchestre m
Dolmetscher(in)	interprète m, f
Drucker	imprimeur m
Einkäufer(in)	responsable des achats m, f
Elektriker	électricien m
Fahrer	chauffeur m
Fischer	pêcheur m
Forscher(in)	chercheur m, -euse f
Förster	garde forestier m
Friseur, Friseuse	coiffeur m, -euse f
Gartenarchitekt(in)	architecte paysagiste m, f
Gärtner(in)	jardinier m, -ière f

Geschäftsführer(in)	gérant(e) m(f)
Glaser	vitrier m
Goldschmied(in)	orfèvre m, f
Graphiker(in)	graphiste m, f
Handelsvertreter(in)	représentant(e) m(f); selbständig agent commercial m(f)
Hausangestellte(r)	employé(e) de maison m(f)
Hausfrau	femme au foyer f
Hersteller(in)	technicien m, -ienne f de la fabrication
Industriekaufmann, -kauffrau	agent technico-commercial m, f
Informatiker(in)	informaticien m, -ienne f
Ingenieur	ingénieur m
Innenarchitekt(in)	décorateur m, -trice f
Journalist(in)	journaliste m, f
Juwelier	bijoutier m
Kassierer(in)	caissier m, -ière f
Kaufmann, Kauffrau	commercial m, f
kaufmännische(r) Angestellte(r)	employé(e) m(f) de commerce
Kindergärtnerin	jardinière d'enfants f
Klempner	plombier m
Koch, Köchin	cuisinier m, -ière f
Komponist	compositeur m
Konditor	pâtissier m
Künstler(in)	artiste m, f
Kunsttischler	ébéniste m
Laborant(in)	laborantin(e) m(f)
Lebensmittelhändler	épicier m
Lederwarenhändler	maroquinier m
Lehrer(in)	enseignant(e) m(f)
Lektor(in)	lecteur m, -trice f
Leiter(in)	directeur m, -trice f; chef m
Abteilungsleiter	chef de rayon m
Betriebsleiter(in)	directeur m, -trice f d'une entreprise
Makler(in)	courtier m, -ière f
Maler	peintre m
Maurer	maçon m
Mechaniker	mécanicien m
Metzger	boucher m
Modeschöpfer	couturier m
Musiker(in)	musicien m, -ienne f
Nachtwächter	gardien de nuit m
Notar	notaire m

Optiker(in)	opticien m, -ienne f
Produktmanager	chef de produit m
Projektleiter(in)	chef de projet m
Programmierer(in)	programmateur m, -trice f
Raumpfleger(in)	agent d'entretien m, f
Rechnungsprüfer	expert-comptable m
Rechtsanwalt, Rechtsanwältin	avocat(e) m(f)
Richter(in)	juge m
Schlosser	serrurier m
Schneider	tailleur m
Schneiderin	couturière f
Schreiner	menuisier m
Schriftsteller(in)	écrivain m, f
Schuhmacher, Schuster	cordonnier m
Sekretärin	secrétaire f
Chefsekretärin	secrétaire de direction f
Steuerberater(in)	conseiller m, -ère f fiscal(e)
Techniker(in)	technicien m, -ienne f
Tierarzt, Tierärztin	vétérinaire m, f
Übersetzer(in)	traducteur m, -trice f
Unternehmer(in)	chef d'entreprise m
Unternehmens- berater(in)	conseiller m, -ère f en gestion
Verkäufer(in)	vendeur m, -euse f
Verleger(in)	éditeur m, -trice f
Weinhändler	marchand de vin m
Werkleiter	chef d'atelier m
Werkmeister	contremaître m
Wirtschaftsingenieur	ingénieur technico- commercial m
Wissenschaftler(in)	scientifique m, f
Zeichner(in)	dessinateur m, -trice f
Zimmermann	charpentier m

14.3 Handel — Le commerce

Abkommen	accord m
Absatzmarkt	marché m; débouché m
absetzen	écouler; vendre
Ausfuhr, Export	exportation f
Ausfuhrverbot	interdiction d'expor- tation f
ausführen	exporter
Austausch	échange m
Bilanz	balance f
Zahlungsbilanz	balance de paiement f
Einfuhr, Import	importation f
Einfuhrbeschrän- kungen	restrictions à l'importation fpl
Einfuhrbestimmun- gen	modalités d'impor- tation fpl
Einfuhrquote	quota d'importa- tion m
Einfuhrstopp	arrêt des importa- tions m
einführen	importer
Genehmigung	autorisation f
Handel	commerce m
Außenhandel	commerce extérieur m
Binnenhandel	commerce intérieur m
Einzelhandel	commerce de détail m
Großhandel	commerce en gros m
Überseehandel	comerce d'outre- mer m
Versandhaus	entreprise de vente par correspon- dance f
Versandkatalog	catalogue de vente par correspon- dance m
Versandhandel	vente par corres- pondance f
Handelsbilanz	balance commer- ciale f
Handelsgericht	tribunal de commerce m
Haushalt	ménage m
Herkunft	provenance f
Kontingent	contingent m
Markt	marché m
Ursprungsland	pays d'origine m
Ware	marchandise f; produit m
Warenabsatz	ventes fpl

Gesellschaften — Les sociétés

Aufsichtsrat	conseil de surveillance m

Betrieb	entreprise f
Klein- und Mittel-betriebe	PME (petites et moyennes entreprises)
Filiale	succursale f
Firmenname	raison sociale f
Firmensitz	siège social m
Gesellschaft	société f
Aktiengesellschaft (AG)	société anonyme (SA) f
GmbH	société à responsa-bilité limitée (SARL) f
Kapitalgesellschaft	société de capitaux f
Kommanditgesell-schaft (KG)	société en commandite f
offene Handelsgesell-schaft (OHG)	société en nom collectif f
Gesellschaftsvertrag	contrat de société m
Gründungskapital	capital initial m
Handelsregister	registre du commerce m
Inhaber(in)	propriétaire m, f
juristische Person	personne morale f
Kartell	cartel m
Konzern	groupe m; trust m
Teilhaber(in)	associé(e) m(f)
Vorstand	comité de direction m; directoire m
Verwaltungsrat	conseil d'admini-stration m

Geschäftsvorgänge

Opérations commerciales

abschreiben	amortir
Absatz	ventes fpl
Aktiva	actif m
anbieten	offrir
Angebot	offre f
ein Angebot unterbreiten	soumettre une offre
Anlage	placement m
Anlagevermögen	capital immobilisé m
Aufwendungen	frais généraux mpl
Außenstände eintreiben	recouvrer des créances fpl
Bearbeitungsgebühr	frais de dossier mpl
begleichen	régler
Begleichung	règlement m

Beleg	pièce justificative f; quittance f
bestellen	commander; passer une commande
Bestellung	commande f
Betrag	montant m
Betrag erhalten	pour acquit
Betriebsführung	gestion d'entreprise f
bezahlen	payer
Bilanz	bilan m
eine Bilanz aufstellen	dresser un bilan
Zahlungsbilanz	balance des paiements f
brutto	brut
Buchführung	tenue des livres f
Buchhaltung	comptabilité f
Betriebsabrechnung	compte d'exploitation m
Betriebsbuchhaltung	comptabilité analytique f
Finanzbuchhaltung	comptabilité générale f
Einlage	dépôt m
Einnahmen	recette f
einträglich	rentable
Endsumme	total m
erhöhen	augmenter
Erlös	produit m (de la recette)
erstatten	rembourser
Fakturierung	facturation f
Geschäftsvorgang	opération commerciale f
Gewinn	bénéfice m
Gewinnspanne	marge bénéficiaire f
Gutschriftsanzeige	facture d'avoir f
Handel	commerce m
in den Handel bringen	commercialiser
handeln	marchander
Handelsbeziehungen	relations commer-ciales fpl
Hauptbuch	grand livre m
Inventur	inventaire m
Jahresrate	annuité f
Jahresüberschuß	bénéfice de l'exercice m
Kassenvorgang	opération de caisse f
Katalog	catalogue m
kaufen, einkaufen	acheter

Käufer(in)	client(e) m(f); acheteur m	einen Saldo aufweisen	accuser un solde
Konkurs	faillite f	Sendung	envoi m
Konkurs anmelden	déposer le bilan; faire faillite	senken	réduire; baisser
kosten	coûter	Skonto	escompte m
Kosten	frais mpl; coûts mpl; charge f	Sozialabgaben	charges sociales fpl
		Soll und Haben	doit et avoir m
fixe Kosten	charge fixe	Spesen	frais mpl
Nebenkosten	faux frais mpl	Spesenrechnung	note de frais f
Kundschaft	clientèle f	stornieren	annuler
Lagerhaltung	stockage m; magasinage m	Tilgungsrate	taux d'amortissement m
lagern	stocker	Überschuß	excédent m
liefern	livrer	Umsatz	chiffre d'affaires (CA) m
frei Haus liefern	livrer franco domicile	Verbindlichkeiten	dettes fpl
Lieferung	livraison f	verbuchen	comptabiliser
Mahnung	(lettre f de) rappel m	verhandeln	négocier
Monatsrate	mensualité f	Verhandlung	négociation f
MwSt.	TVA (taxe à la valeur ajoutée) f	Verkauf	vente f
		verkaufen	vendre
ohne MwSt.	HT (hors taxes)	Verlust	perte f
Nachlaß	remise f; réduction f	vermarkten	commercialiser
netto	net	Vermögen	biens mpl; patrimoine m
Passiva	passif m		
Planung	planning m	Vermögenswerte	éléments de l'actif mpl
Posten	poste m (d'un compte)		
		verpacken	emballer
Haushaltsposten	poste budgétaire m	Verpackung	emballage m
Preis	prix m	Verschuldung	endettement m
Einkaufspreis	prix d'achat m	Vertrag	contrat m
Festpreis	prix fixe m	einen Vertrag abschließen	passer un contrat
Richtpreis	prix conseillé m		
Selbstkostenpreis	prix de revient m	Vertrieb	service des ventes m; distribution f
Vorzugspreis	prix préférentiel m		
Preisliste	prix courant m; tarif m	Versand	expédition f
		Vorgang	opération f
Prospekt	prospectus m	Ware	marchandise f; produit m
Quittung	reçu m		
Rechnung	facture f	billig	bon marché
Proforma-Rechnung	facture pro forma f	hochwertig	de qualité supérieure
in Rechnung stellen	facturer	teuer	cher, chère
Rechnungsjahr	année d'exercice f	vorrätig	en stock
Rentabilitätsschwelle	seuil de rentabilité m	Wechsel	traite f
Rücklage	réserve f	Werbung	publicité f
Rückstand	arriéré m	Wettbewerb	concurrence f
Rückstellung	provision f	Wirtschaftlichkeit	rentabilité f
Saldo	solde m	zahlen	payer
		bar zahlen	payer en espèces; payer en liquide

mit Scheck zahlen	payer par chèque
zahlbar	payable
Zahlung	paiement m
Zahlungsauftrag	mandat de paiement m
Zahlungsbedingungen	conditions de paiement fpl
Zahlungsbestätigung	quittance f
Zahlungsbilanz	balance des paiements f
zahlungs(un)fähig	(in)solvable
Zahlungsfähigkeit	solvabilité f
Zahlungsfrist	délai de paiement m
Zahlungsmittel	moyen de paiement m
Zahlungstermin	échéance f
Zahlungsweise	mode de paiement m
zurückzahlen	rembourser

14.4 Wirtschaftsbereiche Secteurs d'activités

Automobilindustrie	construction, industrie automobile f
Baugewerbe, Bauindustrie	bâtiment m
Bergwerk	mine f
Bereich	secteur m
Betrieb	entreprise f; exploitation f
Bohrinsel	plate-forme de forage f
Bohrturm	tour de forage f; derrick m
Braunkohle	lignite m
Brennstoff	combustible m
chemische Industrie	industrie chimique f
Dienstleistungsbereich	services mpl
Eisen- und Stahlindustrie	sidérurgie f
Elektronik	électronique f
Energie	énergie f
Energiebedarf	besoins énergétiques mpl
Energiemangel	pénurie énergétique f
Energiequellen	ressources énergétiques fpl
Erdöl	pétrole m

Erdgas und Erdöl	hydrocarbures mpl
Erdölchemie	pétrochimie f
Erdölleitung	pipe-line m
Erdölvorkommen	gisement de pétrole m
Erz	minerai m
Fabrik, Werk	usine f
Feinmechanik	mécanique de précision f
Fertigprodukt	produit fini m
Fertigstellung	finition f
Flugzeugbau	aéronautique f
Forstwirtschaft	sylviculture f
Gaststättengewerbe	restauration f
Gießerei	fonderie f
Gußeisen	fonte f
herstellen; anfertigen	fabriquer; produire
Handwerk	artisanat m
Hersteller	fabricant m
Herstellung, Anfertigung	fabrication f
Hoch- und Tiefbau	industrie du bâtiment et des travaux publics (BTP) f
Hotelgewerbe	hôtellerie f
Industrie	industrie f
Industriegebiet	zone industrielle f
Informatik	informatique f
Kernkraft	énergie nucléaire f; nucléaire m
Kernkraftwerk	centrale nucléaire f
Kernreaktor	réacteur nucléaire m
Brutreaktor	surgénérateur m
Kohle	charbon m
Kraftwerk	centrale électrique f
Landwirtschaft	agriculture f
Lebensmittelindustrie	industrie agro-alimentaire f
Luxusgüterindustrie	industrie du luxe f
Maschinenbau	construction mécanique f
Metallindustrie	métallurgie f
Montanindustrie	industrie minière f
Ölraffinerie	raffinerie de pétrole f
Papierfabrik	papeterie f
Papierindustrie	industrie papetière f
Pharmaindustrie	industrie pharmaceutique f
Produktion	production f
Raumfahrtindustrie	industrie spatiale f
Rohstoff	matière première f

Rüstungsindustrie	armement m
Sägewerk	scierie f
Schicht	couche f; équipe f
Schiffsbau	construction navale f
Sektor	secteur m
primärer Sektor	secteur primaire
sekundärer Sektor	secteur secondaire
tertiärer Sektor	secteur tertiaire
Schwerindustrie	industrie lourde f
Spitzentechnologie	technologie de pointe f
Stahlwerk	aciérie f
Steinbruch	carrière f
Steinkohle	houille f
Technologie	technologie f
Textil- und Beklei-dungsindustrie	les industries textiles et de l'habille-ment fpl
Touristik	tourisme m
Uhrenindustrie	industrie horlogère f
verarbeitende Industrie	industrie de transformation f
Verarbeitung	usinage m; transfor-mation f
Versicherungswesen	assurances fpl
Werft	chantier naval m
Werkstoff	matériau m; pl matériaux
Werkstatt	atelier m
Zementwerk	cimenterie f

14.5 Bank, Ver-sicherung, Steuer
Banque, assurances, fiscalité

Bankgeschäfte
Opérations bancaires

abbuchen	prélever
abheben	retirer
Barabhebung	retrait (de fonds) m
abwerten	dévaluer
Abwertung	dévaluation f
Aktie	action f
eine Aktie zeichnen	souscrire une action
Aktionär	actionnaire m
Anlage	placement m
anlegen	placer
anzahlen	verser un acompte
Anzahlung	acompte m

Auftrag	ordre m
Auftraggeber(in)	donneur d'ordre m
aufwerten	réévaluer
Aufwertung	réévaluation f
ausgeben	*Banknoten* émettre; *Geld* dépenser
Ausgabekurs	taux m d'émission
ausleihen	emprunter
einlösen	encaisser
Bank	banque f
Hypothekenbank	banque hypothé-caire f
Notenbank	banque d'émisssion f
Bankgeschäft	opération bancaire f
Bankleitzahl	code banque m
Banknote	billet de banque m
Bankschalter	guichet m
Bankspesen	agios mpl
Bankverbindung	R.I.B. m (relevé d'identité bancaire)
Bankwesen	secteur bancaire m
bar	au comptant; en liquide; en espèces
Bausparvertrag	P.E.L. m (plan épargne logement)
belasten	débiter
Börse	bourse f
Börsenaufsicht	C.O.B. f (commis-sion d'opérations en bourse)
Bundesschatzbrief	bon du trésor m
Bürgschaft	caution f
Dauerauftrag	ordre de virement permanent m
Darlehen	prêt m
Deflation	déflation f
Devisen	devises fpl
Diskont	escompte m
Diskontsatz	taux d'escompte m
Dividende	dividende m
Einlage	dépôt m
einzahlen (auf ein Konto)	verser (sur un compte)
Einzahlung	versement m
Einzugsermächtigung	autorisation de prélèvement f
fällig sein	arriver à échéance
Fälligkeit	échéance f
finanzieren	financer
Frist	délai m; terme m

Geld	argent m
Bargeld	argent liquide m; liquide m
Kleingeld	monnaie f
Papiergeld	monnaie fiduciaire f
Geldautomat	distributeur automatique de billets (D.A.B.) m
Gelder; Geldmittel	fonds mpl
Geldgeber	bailleur de fonds m
Geldgeschäft	transaction f
Geldumlauf	circulation monétaire f
Geldwechsel	change m
Geschäft	opération f
ein Geschäft abwickeln	effectuer une opération
Gläubiger	créancier m
Goldbarren	lingot d'or m
Grundschuld	hypothèque f
Guthaben	avoir m
gutschreiben	créditer
Haben	crédit m
hinterlegen	mettre en dépôt
Inflation	inflation f
Inflationsrate	taux d'inflation m
Inhaber	porteur m
auf den Inhaber lautend	au porteur
Investmentfonds	FCP m; SICAV f
Kapital	capital m
Kapitalflucht	fuite des capitaux f
Konto	compte m
ein Konto abschließen	arrêter un compte
ein Konto eröffnen	ouvrir un compte
sein Konto sperren lassen	faire bloquer son compte
sein Konto überziehen	découvrir son compte
Bankkonto	compte en banque m
Girokonto	compte courant m
Kontoauszug	relevé de compte m
Kontoführung	gestion du compte f
Kontoinhaber	titulaire d'un compte m
Kontonummer	numéro de compte m
Kontostand	position de compte f
kostenlos	gratuit
Kredit	crédit m
Kreditkarte	carte de crédit f
Kreditrahmen	seuil d'autorisation m
Kurs	cours m
hoch im Kurs sein	être bien coté en bourse
Kursschwankung	fluctuations de cours fpl
Wechselkurs	taux de change m
Kurssteigerung	hausse f
Kursrückgang	baisse f, fléchissement m des cours
kurzfristig	à court terme
langfristig	à long terme
Lastschriftanzeige	avis de prélèvement m
Lastschrifteinzugsverfahren	prélèvement automatique m
Münze	pièce de monnaie f
notieren	coter
Notierung	cotation f
Pfandbrief	obligation f
Postbank	service bancaire de la poste m
Postgiroamt	centre de chèques postaux m
Postgirokonto	CCP m (compte chèques postaux)
Saldo	solde m
Scheck	chèque m
gedeckter Scheck	chèque provisionné
ungedeckter Scheck	chèque sans provision m
einen Scheck ausstellen	émettre un chèque
einen Scheck einlösen	encaisser un chèque
Barscheck	chèque de retrait m
Blankoscheck	chèque en blanc m
Euroscheck	eurochèque m
Inhaberscheck	chèque au porteur m
Reisescheck	chèque de voyage m
Verrechnungsscheck	chèque barré m
Scheckheft	chéquier m
Scheckkarte	carte bancaire f
Schuld	dette f
schulden	devoir
Sichteinlage	dépôt à vue m
Soll	débit m
sparen	épargner
Sparer	épargnant m
Sparbuch	livret d'épargne m

127

Sparkonto	compte sur livret m
Spekulant	spéculateur m
Spekulation	spéculation f
spekulieren	spéculer
sperren lassen	faire opposition
Stundung	sursis de paiement m
tilgen	amortir
überweisen	virer
einen Betrag auf ein Konto überweisen	virer une somme sur un compte
Überweisung	virement m
durch Überweisung zahlen	régler par virement
Überweisungsauftrag	ordre de virement m
überzogen	à découvert
Umbuchung	jeu(x) d'écriture m(pl)
unterzeichnen	signer
vordatieren	postdater
Währung	monnaie f; devise f
stabile Währung	monnaie stable
Dollar	dollar m
Drachme	drachme m
Escudo	escudo m
Franc	franc m
Gulden	florin m
Krone	couronne f
Lira	lire f
Mark	mark m
Peseta	peseta f
Pfund	livre f
Rubel	rouble m
Schilling	schilling m
Yen	yen m
Währungseinheit	unité monétaire f
Währungsfonds, internationaler	fonds monétaire international (FMI) m
Währungssystem	système monétaire m
Wechsel	lettre de change f
Geldwechsel	change m
wechseln	changer de l'argent
Mark in Francs wechseln	changer des marks en francs
Wert	valeur f
Wertpapier	valeur mobilière f; titre m
Zahlungsverkehr	opérations de paiement f
Zins	intérêt

Zinssatz	taux d'intérêt m
Zweigstelle	succursale f

Versicherung — Assurances

Abfindung	indemnité f
abgesichert	couvert
ablaufen	expirer
abschließen (eine Versicherung)	contracter (une assurance)
Altersversicherung	assurance vieillesse f
Anspruch	droit m
Anspruchsberechtigte(r)	ayant droit m
Beitrag	cotisation f
decken	couvrir
Deckung	couverture f
Dritte	tiers m
Entschädigung	dédommagement m
Geltungsdauer	validité f
Gewalt, höhere	force majeure f
Gutachten	expertise f
Haftung	responsabilité f
Kindergeld	allocations familiales fpl
Krankenkasse, gesetzliche	caisse maladie f; etwa Sécurité Sociale f
Kündigung	résiliation f
Leistung	prestation f
Prämie	prime f
Risiko	risque m
Rückerstattung	remboursement m
Schaden	dégât m; dommage m
Personenschäden	dommages corporels mpl
Sachschäden	dommages matériels mpl
Schadenersatz	dommages et intérêts mpl
Schadenfreiheitsrabatt	bonus m
Schadensfall	sinistre m
Schadensmeldung	déclaration de sinistre f
versichern (gegen)	assurer (contre)
Versicherte(r)	assuré(e) m(f)
Versicherung	assurance f
Haftpflichtversicherung	garantie responsabilité civile f

Hausratversicherung	assurance mobilière f
Insassenversicherung	garantie dommages corporels aux passagers f
Lebensversicherung	assurance vie f
Personenversicherung	assurance de personnes f
Pflichtversicherung	assurance obligatoire f
Privatversicherung	assurance privée f
Vollkaskoversicherung	assurance tous risques f
Vorsorgeversicherung	assurance prévoyance f
Versicherungsbetrug	escroquerie à l'assurance f
Versicherungsgesell-schaft	compagnie d'assurances f
Versicherungsnehmer	bénéficiaire m, f
Versicherungspolice	police d'assurance f
Versicherungsschutz	garantie f
Versicherungsvertre-ter(in)	agent d'assuran-ces m, f
Versicherungswesen	assurances fpl

Steuersystem Fiscalité

absetzbar	déductible
Abzug	déduction
belasten	grever
Aufwendung	charge déductible f
Besteuerung	imposition f
Einkommensart	catégorie de revenu f
entrichten	acquitter
Finanzamt	centre des impôts m
Grundfreibetrag	abattement à la base m
Pauschalabzug	abattement forfai-taire m
Steuer	impôt m; taxe f
Einkommensteuer	impôt sur le revenu des personnes physiques (IRPP) m
Gemeindesteuer	impôts locaux mpl
Gewerbesteuer	taxe professionnelle f
Grundsteuer	impôt foncier m
Körperschaftssteuer	impôt sur les sociétés m
Lohnsteuer	impôt sur le salaire m

Mehrwertsteuer	TVA (taxe à la valeur ajoutée) f
Quellensteuer	impôt prélevé à la source m
Umsatzsteuer	impôt sur le chiffre d'affaires m
Vermögensteuer	impôt sur le capital m
Steuerbeamter	agent du fisc m
Steuerbehörde	autorités fiscales mpl
Steuerbescheid	avis d'imposition m
Steuereinnahmen	recettes fiscales fpl
Steuererklärung	déclaration d'impôts f;*Vordruck* feuille d'impôts f
Steuererleichterung	dégrèvement fiscal m
Steuerflucht	évasion fiscale f
steuerfrei	net d'impôts
Steuerhinterziehung	fraude fiscale f
Steuerklasse	tranche d'imposi-tion f
Steuerpflichtige(r)	contribuable m, f
Steuerschuld	dette fiscale f
Steuertabelle	barème d'imposi-tion m
steuerpflichtig	assujetti à l'impôt, imposable
Steuerveranlagung	imposition f
Steuervergünstigung	avantage fiscal m
Steuerzahler	contribuable m
Veranlagung	taxation f
versteuern	déclarer au fisc

14.6 Informatik L'informatique

abfragen	consulter
abrufen	rechercher
anklicken	cliquer
anzeigen	afficher
ausdrucken	imprimer
bestätigen	valider
Befehl	commande f
Betriebssystem	système d'exploitation m
Bildschirm	écran m
CD-Rom	disque optique compact m
Chip	puce f
Computer	ordinateur m

Computernetz	réseau informatique m
Cursor	curseur m
Datei	fichier de données m
Daten	données fpl
Datenbank	banque de données f
mit einer Datenbank verbunden sein	être relié à une banque de données
Datenbankdienst	serveur m
Datennetz	réseau informatique m
Datenfernübertragung	télématique f
Datenträger	support de données m
Datentypist(in)	agent de saisie m, f
Datenübertragung	transfert de données m
Datenverarbeitung (EDV)	informatique f
Datenzugriff	accès aux données m
Desktop-Publishing (DTP)	publication assistée par ordinateur f (PAO)
Diskette	disquette f
Diskettenlaufwerk	lecteur de disquettes m
Drucker	imprimante f
Eingabe	saisie f
entschlüsseln	décoder
erfassen	saisir
eröffnen	créer
Festplatte	disque dur m
formatieren	formater
Hardware	matériel m, hardware m
Informatik	informatique f
Interface	interface f
Kabel	câble m
Kapazität	capacité f
konvertierbar	convertible
Konvertierbarkeit	convertibilité f
konvertieren	convertir
Laptop	ordinateur portable m
löschen	effacer
Mailbox	boîte aux lettres électronique f
Mailboxsystem	messagerie électronique f
Maus	souris f
Menü	menu m

Mikroprozessor	microprocesseur m
Modem	modem m
Monitor	écran m
Passwort	mot de passe m
Personalcomputer	micro-ordinateur m
Programm	logiciel m
programmieren	programmer
Programmierer(in)	programmeur m, -euse f
Programmierung	programmation f
Raubkopie	copie piratée f
rechnen	calculer
sichern	sauvegarder
speichern	mettre en mémoire, stocker
Software	logiciel m, software m
sortieren	classer
Scanner	scanneur m
Speicher	mémoire f
Arbeitsspeicher (RAM)	mémoire vive f
Festspeicher (ROM)	mémoire morte f
Tastatur	clavier m
Taste	touche f
Terminal	terminal m
Textverarbeitung	traitement de texte m
Textverarbeitungsprogramm	logiciel de traitement de texte m
vernetzen	interconnecter
verschlüsseln	coder
Zentraleinheit	unité centrale f

Büroeinrichtung — Equipement de bureau

Ablage	classement m
Akte	dossier m
Aktenschrank	classeur m
Branchenverzeichnis	pages jaunes de l'annuaire fpl
Büroausstattung	matériel de bureau m
Büroeinrichtung	équipement de bureau m
Büroschrank	classeur (meuble)
Büroklammer	trombone m
Bürostuhl	chaise de bureau f
Diktiergerät	dictaphone m
Faxgerät	télécopieur m; fax m
Frankiermaschine	machine à affranchir f

Hefter	agrafeuse f	Schreibmaschine	machine à écrire f
Kartei	fichier m	Schreibtisch	bureau m
Karteikarte	fiche f	Tagungsraum	salle de réunion f
Klebstoff	colle f	Taschenrechner	calculatrice de
Kopiergerät	photocopieuse f		poche f
Kugelschreiber	stylo à bille m	Telefon	téléphone m
Lineal	règle f	Telefonbuch	annuaire m
Locher	perforeuse f	Telex	téléscripteur m
Ordner	classeur m	Terminkalender	agenda m
Post	courrier m	Verzeichnis	registre m
Radiergummi	gomme f		

15.1 Zahlen und das Rechnen — Les nombres et le calcul

Grundzahlen — nombres cardinaux

Grundzahlen	nombres cardinaux
null	zéro
die Null	le zéro
eins	un,-e
die Eins	le un
zwei	deux
drei	trois
vier	quatre
fünf	cinq
sechs	six
sieben	sept
acht	huit
neun	neuf
zehn	dix
elf	onze
zwölf	douze
dreizehn	treize
vierzehn	quatorze
fünfzehn	quinze
sechzehn	seize
siebzehn	dix-sept
achtzehn	dix-huit
neunzehn	dix-neuf
zwanzig	vingt
einundzwanzig	vingt et un
zweiundzwanzig	vingt-deux
dreißig	trente
vierzig	quarante
fünfzig	cinquante
sechzig	soixante
siebzig	soixante-dix
einundsiebzig	soixante et onze
zweiundsiebzig	soixante-douze
achtzig	quatre-vingts
einundachtzig	quatre-vingt-un
neunzig	quatre-vingt-dix
einundneunzig	quatre-vingt-onze
hundert	cent
zweihundert	deux cents
zweihunderteins	deux cent un
hundertfünfzig	cent cinquante
tausend	mille
eine Million	un million
eine Milliarde	un milliard

Ordnungszahlen — nombres ordinaux

Ordnungszahlen	nombres ordinaux
erster	premier, -ière
zweiter	second; *bei weiterer Folge* deuxième
dritter	troisième
vierter	quatrième
zehnter	dixième
zwanzigster	vingtième
einundzwanzigster	vingt-et-unième
hundertster	centième
tausendster	millième
letzter	dernier, -ière
vorletzter	avant-dernier, -ière

Rechnen — Calculs

Rechnen	Calculs
abziehen	soustraire
addieren	additionner
Addition	addition f
aufzählen	énumérer
behalten	retenir
Betrag	montant m
Bruchzahl	fraction f
Dezimalsystem	système décimal m
dividieren	diviser
Division	division f
Doppelte	double m
Dreifache	triple m
dreimal	trois fois
Dreisatzrechnung	règle de trois f
Drittel	tiers m
Durchschnitt	moyenne f
im Durchschnitt	en moyenne
Dutzend	douzaine f
einmal	une fois
Einmaleins	table de multiplication f
einzeln	*nacheinander* un à un
entsprechen	correspondre
ergeben	faire
Ergebnis	résultat m
etwa	environ, à peu près
etwa zehn Kinder	environ dix enfants, une dizaine d'enfants
falsch	faux, fausse
folgend	suivant
Fünftel	cinquième m
(un)gerade	(im)pair

gesamt	total, global
die gesamte Zahl	le chiffre global, le total
geteilt durch	divisé par
gleich	égalent, font
drei mal zwei (ist) gleich sechs	trois fois deux font six
Gleichheit	égalité f
halb	demi; à moitié
ein halber Tag	une demi-journée
eine halbe Stunde	une demi-heure
zum halben Preis	à moitié prix
halbieren	partager en deux
Hälfte	moitié f
Hundertstel	centième m
insgesamt	au total
Kopfrechnen	calcul mental m
Lösung	solution f
mal	... fois ... ; multiplié par ...
drei mal fünf	trois fois cinq, trois multiplié par cinq
Maximum	maximum m
Minimum	minimum m
minus	moins
Multiplikation	multiplication f
multiplizieren	multiplier
nachzählen	recompter
Nenner	dénominateur m
gemeinsamer Nenner	dénominateur commun
niedriger	inférieur
null Komma fünf	zéro virgule cinq
Nullpunkt	point zéro m
numerieren	numéroter
Numerierung	numérotation f
Nummer	numéro m
plus	plus
Prozentsatz	pourcentage m
70 Prozent	soixante-dix pour cent
Quotient	quotient m
Rechenaufgabe	problème arithmétique m
Rechnen	calcul(s) m(pl)
rechnen	calculer, compter
falsch rechnen	se tromper dans son calcul
richtig rechnen	calculer juste
reduzieren	réduire
Rest	reste m
richtig	exact, juste
stimmen	être exact
substrahieren	soustraire
Substraktion	soustraction f
Summe	somme f
Taschenrechner	calculette f; calculatrice f
Tausendstel	millième m
teilen	diviser
ungefähr	environ; approximatif, -ive
ungefähr hundert	une centaine
ungefähr tausend	un millier
Unterschied	différence f
verdoppeln	doubler
verdreifachen	tripler
verrechnen, sich	se tromper (dans son calcul)
vielfach	multiple
die vielfache Menge	le multiple de
Er ist vielfacher Millionär.	Il est multi-millionaire.
Viertel	quart m
weniger	moins
Zahl	nombre m
zählen	compter
Zähler	numérateur m
Zeichen	signe m
Ziffer	chiffre m
arabische Ziffer	chiffre arabe
römische Ziffer	chiffre romain
Zwanzigstel	vingtième m

15.2 Maßeinheiten   Unités de mesure

Anteil	part f
Ausmaß	dimension f
Breite	largeur f
dick	gros, grosse; épais, -aisse
dünn	mince
Einheit	unité f
Fläche	superficie f
Quadratmeter	mètre carré m
Ar	are m
Hektar	hectare m
Gewicht	poids m
Nettogewicht	poids net m

15 Mengen und Maße

Gramm	gramme m
Pfund	livre f
Kilogramm	kilogramme m
Zentner	quintal m, pl -aux
Tonne	tonne f
Grad	degré m
Gradeinteilung	graduation f
groß	grand
Größe	taille f; grandeur f
hoch	haut
Der Turm ist 80 m hoch.	La tour fait 80 m de haut.
Höhe	hauteur f
Hohlmaß	capacité f
Liter	litre m
Hektoliter	hectolitre m
Ster	stère m
Inhalt	contenu m
Rauminhalt	volume m
Umfang	périmètre m; dimensions fpl
wiegen	peser
Länge	longueur f
Längenmaß	mesure de longueur f
Mikron	micron m
Millimeter	millimètre m
Zentimeter	centimètre m
Meter	mètre m
Kilometer	kilomètre m
Seemeile	mille marin m
Maß	mesure f
Standardmaß	mesure normalisée f
Maßeinheit	unité de mesure f
Maßstab	échelle f
im Maßstab 1 zu 10	à l'échelle de un dixième
messen; ausmessen	mesurer
Leistung	puissance f
Mikrowatt	microwatt m
Watt	watt m
Kilowatt	kilowatt m
Pferdestärke (PS)	cheval-vapeur m (CV)
Temperatur	température f
Grad	degré m
bei minus 30 Grad	à moins trente degrés
Es hat 20 Grad im Schatten.	Il fait 20 degrés à l'ombre.
25 Grad Celsius	20 degrés centigrade
Umfang	périmètre m

Volumen	volume m
Kubikmeter	mètre cube m

15.3 Mengen — Les quantités

alles	tout
alles andere	tout le reste
annähernd	approximativement
Anteil	part f
außerdem	en plus
belaufen, sich (auf)	s'élever à
Bruchstück	fragment m
ein (kleines) bißchen	un (tout petit) peu (de)
einige	quelques; quelques-un(e)s m(f)pl
enthalten	contenir
genauso viel	autant (de)
genug	assez (de)
gesamt	total
Gesamtheit	totalité f
gleich	égal
Haufen	tas m
insgesamt	en tout
jede(r)	chacun(e); chaque
kein	ne … pas de; pas un(e); aucun(e) (de)
Es gibt kein Bier.	Il n'y a pas de bière.
Er bekommt keinen Pfennig.	Il n'aura pas un sou.
Keiner der Gäste kam.	Aucun des invités n'est venu.
kaum	à peine
mancher	maint(e); plus d'un(e) m(f)
Masse	masse f
massenweise	en masse
mehr	plus
Sie will immer mehr.	Elle en veut toujours plus.
Wir haben kein Geld mehr.	Nous n'avons plus d'argent.
mehrere	plusieurs
meist	la plupart de
das meiste Geld	le plus d'argent
am meisten	le plus
die meisten	la plupart (de); la majorité
Menge	quantité f; foule f

Eine Menge Leute ist gekommen.	Une foule de gens est venue.	eng, schmal	étroit
nicht	ne ... pas	Enge	étroitesse f
Er arbeitet nicht.	Il ne travaille pas.	entfernt	éloigné
nicht mehr	ne ... plus	Entfernung	distance f
Sie antwortet nicht mehr.	Elle ne répond plus.	in der Ferne	au loin
		Gebiet	région f
nichts	rien	geräumig	spacieux, -ieuse
überhaupt nichts	rien du tout	Hintergrund	arrière-plan m
Es ist überhaupt nichts passiert.	Il ne s'est rien passé du tout.	im Hintergrund	à l'arrière-plan, derrière
Stück	morceau m, pl morceaux; pièce f	hoch	haut
		Lage	position f
so (sehr)	tellement	niedrig	bas; basse
Er liebt sie so.	Il l'aime tellement.	Oberfläche	surface f
soviel	autant de	örtlich	local
Teil	partie f; portion f	parallel	parallèle
zum Teil	en partie	Punkt	point m
teilen	partager	Querschnitt	section transversale f
viel	beaucoup (de)	Raum	espace m
viel Geld	beaucoup d'argent	Zwischenraum	intervalle m
Vielfalt; Vielzahl	multiplicité f; pluralité f	Richtung	sens m; direction f
		die falsche Richtung	la mauvaise direction; le mauvais sens
vielfältig; vielfach	multiple		
voll von	plein de	die richtige Richtung	la bonne direction; le bon sens
wenig	peu (de)		
wenig Zeit	peu de temps	Seitenlage	position latérale f
zu wenig	trop peu (de)	senkrecht	vertical
weniger	moins de …	Standort	emplacement m
wieviel	combien (de)	Stellung	position f
zuviel	trop de; en trop	Teil, hinterer	arrière m
Das ist zuviel!	C'est trop!	Teil, oberer	haut m
eine Person zuviel	une personne en trop	Teil, unterer	bas m
In der Suppe ist zuviel Salz.	Il a trop de sel dans la soupe.	Umfang	circonférence f; tour m
		umfangreich	spacieux, -ieuse
		Umgebung	environs mpl
		umgekehrt	inverse
		in umgekehrter Richtung	en sens inverse

15.4 Ort und Raum   Le lieu et l'espace

Abstand	distance (entre) f	Vordergrund	premier plan m
angrenzen	toucher à; être adjacent	im Vordergrund	au premier plan, devant
angrenzend	adjacent; voisin	waagrecht	horizontal
ausdehnen	s'étendre		
ausgedehnt	étendu		
Ausdehnung	extension f		
Außenfläche	surface extérieure f		
breit	large		
Ecke	coin m		
Ende	bout m		

Ortsadverbien   Adverbes de lieu

da; dort	là
darin	dedans
darauf; darüber	dessus

darüber	là-dessus	innerhalb von	à l'intérieur de
darunter	là-dessous; en dessous	links von	à gauche de
		nach	en; à; après
Alles geht drunter und drüber.	Tout est sens dessus dessous.	Ich fahre nach Spanien.	Je pars en Espagne.
dort	là-bas	Schau nach rechts.	Regarde à droite.
draußen	dehors	Nach der Kirche rechts abbiegen.	Tourner à droite après l'église.
geradeaus	tout droit	nahe bei	près de
hier	ici	neben	à côté de
hinten	derrière	oberhalb (von)	au-dessus de
irgendwo	quelque part	quer durch	à travers
Nähe, aus der	de près	rechts von	à droite de
nirgends	nulle part	um … herum	autour de
oben	en haut	unter	sous
Ortsadverb	adverbe de lieu m	unterhalb (von)	au-dessous de
rechts	à droite	von	de
rückwärts	en arrière	von der Stadt	de la ville
überall	partout	von … bis	de … à
unten	en bas	von hier bis zur Bushaltestelle	d'ici à l'arrêt du bus
von oben bis unten	de haut en bas		
vorn	devant	vor	avant
von vorne	de face	Vor der Ampel rechts abbiegen.	Tourner à droite avant le feu.
vorwärts	en avant		
wo	où	zu	de; chez
Wo arbeitest du?	Où travailles-tu ?	die Straße zum Bahnhof	la rue de la gare
wohin	où	zu Hause	à la maison
Wohin gehst du?	Où vas-tu?	zwischen	entre
woanders	ailleurs		
woher	d'où		
Woher kommst du?	D'où viens-tu ?		

Präpositionen	**prépositions**	**15.5 Zeit und Dauer**	**Le temps et la durée**
auf	sur		
auf der Höhe von	à la hauteur de	Abend	soir m; soirée f
außerhalb von	en dehors de	Gestern abend	hier soir
Wir wohnen außerhalb der Stadt.	Nous habitons en dehors de la ville.	Guten Abend!	Bonsoir!
		Das war ein gelungener Abend.	C'était une soirée réussie.
bei	près de; chez	Anfang	début m
Das Dorf liegt bei Marseille.	Ce village est près de Marseille.	anfangen, beginnen	commencer
Er ist beim Friseur.	Il est chez le coiffeur.	Augenblick	instant m
bis	jusqu'à	Datum	date
entlang	le long de	Den Wievielten haben wir heute?	Quel jour sommes-nous aujourd'hui?
gegen	contre		
gegenüber (von)	en face (de)	Dauer	durée f
hinter	après	dauern	durer
in	à; dans; au; en	Digitalanzeige	affichage digital m
Sie wohnt in Paris.	Elle habite (à) Paris.	eine halbe Stunde	une demi-heure f
Ich gehe in den Garten.	Je vais dans le jardin.	eine Viertelstunde	un quart d'heure m

Ende	fin f
enden	finir, se terminer
Frühling	printemps m
im Frühling	au printemps
Gegenwart	présent m
Herbst	automne m
im Herbst	en automne
In einem Jahr geht er in Pension.	Il part à la retraite dans un an.
Jahr	*als Einheit* an m; *Dauer, Inhalt* année f
halbes Jahr; Halbjahr	six mois mpl; semestre m
letztes Jahr	l'année dernière
nächstes Jahr	l'année prochaine
im Jahr	par an
im Jahre 1500 vor Christus	en l'an 1.500 avant Jésus-Christ
im Jahr 2000	en l'an deux mille
In einem Jahr geht er in Pension.	Il prendra sa retraite dans un an.
Die 50er Jahre	les années cinquante
seit Jahren	depuis des années
Jahreszeit	saison f
Jahrhundert	siècle m
Minute	minute f
Mittag	midi m
am Mittag	à midi
Mitternacht	minuit m
Monat	mois m
Morgen	matin m
Guten Morgen!	Bonjour!
Jeden Morgen steht er um 7 Uhr auf.	Il se lève tous les jours à 7 heures.
vom Morgen bis zum Abend	du matin au soir
Nachmittag	après-midi m
Nacht	nuit f
Neujahr	Nouvel An m
Schaltjahr	année bissextile f
Sekunde	seconde f
Sommer	été m
im Sommer	en été
Altweibersommer; Nachsommer	été de la Saint-Martin m
Stunde	heure f
in einer Stunde	dans une heure
Tag	jour m; journée f
Guten Tag!	Bonjour!

Es hat den ganzen Tag geregnet.	Il a plu toute la journée.
Uhr	*Armbanduhr* montre f; *öffentliche* horloge f
Die Uhr geht vor/ nach.	La montre avance/ retarde.
Meine Uhr ist stehen-geblieben.	Ma montre est arrêtée.
Quarzuhr	montre à quartz f
Sanduhr	sablier m
Sonnenuhr	cadran solaire m
Stoppuhr	chronomètre m
Wanduhr	pendule f
Wecker	réveil m
Uhrzeiger	aiguille f
Uhrzeit	heure f
Wieviel Uhr ist es?	Quelle heure est-il?
Können Sie mir bitte sagen, wie spät es ist?	Vous avez l'heure exacte s.v.p.?
Es ist fünf (Minuten) vor drei.	Il est trois heures moins cinq.
Es ist fünf Uhr.	Il est cinq heures.
Es ist halb sechs.	Il est cinq heures et demie.
Es ist höchste Zeit.	Il est grand temps.
Es ist Punkt fünf.	Il est cinq heures précises.
Es ist Viertel nach zwei.	Il est deux heures et quart.
Es ist Viertel vor eins.	Il est une heure moins le quart.
Es ist zehn (Minuten) nach drei.	Il est trois heures dix.
Es ist zwölf Uhr Mittag.	Il est midi.
Es ist zwölf Uhr nachts.	Il est minuit.
um drei Uhr	à trois heures
Der Zug fährt um 16.34.	Le train part à seize heures trente quatre.
Um wieviel Uhr fährt der Zug?	A quelle heure part le train?
vergangen	passé
Vergangenheit	passé m
verlängern	prolonger
Vierteljahr	trimestre m; trois mois mpl

Vormittag	matinée f	Oktober	octobre m
Ruf mich morgen vormittag an.	Téléphone-moi demain matin.	November	novembre m
		Dezember	décembre m
Vortag	veille f		
am Vortag	la veille	**Zeitadverbien**	**Adverbes de temps**
Winter	hiver m		
im Winter	en hiver	abends	le soir
Woche	semaine f	bald	bientôt
Zeit	temps m	damals	autrefois
Es ist Zeit.	C'est l'heure.	seit damals	depuis cette époque
in kurzer Zeit	en peu de temps	dann	puis, ensuite, alors
vor langer Zeit	il y a bien longtemps	früh	tôt
Zukunft	avenir m	zu früh	en avance
		gestern	hier
		gleichzeitig	simultanément, en même temps
Wochentage	**Les jours de la semaine**	häufig	fréquemment
		heute	aujourd'hui
Montag	lundi m	heute in 8 Tagen	aujourd'hui en huit
letzten Montag	lundi dernier	heutzutage	de nos jours
nächsten Montag	lundi prochain	in	dans
Dienstag	mardi m	in 14 Tagen	dans quinze jours
Mittwoch	mercredi m	immer	toujours
Donnerstag	jeudi m	innerhalb von	en l'espace de
Freitag	vendredi m	inzwischen	entretemps
Samstag	samedi m	jahrzehntelang	pendant des dizaines d'années
Sonntag	dimanche m		
		jährlich	par an
Monate	**Les mois**	jetzt	maintenant
		manchmal	quelquefois
Januar	janvier m	mehrmals	à plusieurs reprises
der 1. Januar	le premier janvier; *Festtag* le Jour de l'An	morgen	demain
		bis morgen	à demain
im Januar	en janvier; au mois de janvier	morgens	le matin
		nachmittags	l'après-midi
Februar	février m	nachts	la nuit; de nuit
Michael ist am 15. Februar 1975 geboren.	Michael est né le 15 février 1975.	neulich	dernièrement; l'autre jour
März	mars m	oft	souvent
Anfang März	au début du mois de mars; début mars	selten	rarement
		soeben	tout à l'heure
April	avril m	sofort	tout de suite
Mitte April	à la mi-avril; mi-avril	spät	tard
Mai	mai m	zu spät	trop tard; en retard
Ende Mai	à la fin du mois de mai; fin mai	übermorgen	après-demain
		vierteljährlich	par trimestre
Juni	juin m	von Zeit zu Zeit	de temps en temps
Juli	juillet m	vorgestern	avant-hier
August	août m	vorher	avant
September	septembre m		

Zeitkonjunktionen	Conjonctions de temps
als	quand; lorsque
bevor	avant que
gerade als	comme
nachdem	après que
seitdem	depuis que
sobald	aussitôt que
solange	tant que
während	pendant que
wenn	quand

Zeitpräpositionen	Prépositions de temps
ab	à partir de, dès
bis	jusqu'à
fast	près de
gegen	vers
in	en; dans

Ich war in zwei Tagen fertig.	J'avais fini en deux jours.
In einer Stunde bin ich wieder da.	Je reviens dans une heure.
nach	après; au bout de
seit	depuis; il y a
Wir wohnen seit einem Jahr hier.	Nous habitons ici depuis un an.
Der Film läuft seit 15 Minuten.	Le film a commencé il y a 10 minutes.
um	à
von ... an	à partir de
von ... bis	de ... à
von morgens bis abends	du matin au soir
vor	avant; il y a
Ich war vor dir da.	J'étais là avant toi.
Wir sind vor einem Jahr umgezogen.	Nous avons déménagé il y a un an.
während	pendant; durant

Index

Index

beurteilen 41
bewegen (sich) 32
Bewerbung 119
Beziehung 38, 110
Biene 23
Bier 47
Bilanz 123
Bild 81, 84
Bildhauerei 85
Bildung 99
Bildungswesen 99
Biologie 105
biologisch 16
blasen 14
Blatt 23
bleiben 32
bleifrei 16
Blick 30
blühen 24
Blume 24
Bluse 49
Blut 27
Blutdruck 36
bluten 35
Bogen 85
Bohne 25
Bombe 115
Boot 69
böse 44
Botanik 105
Botschafter 110
braten 47
brechen, sich 35
Breite 8
Bremse 66
Brief 60
Briefkasten 60
Brille 30
Brot 46
Brust 27
Buch 81
buchen 78
Buchhaltung 123
Bucht 12
Bühne 87
Bündnis 110
Bürgermeister 59
Büroeinrichtung 130
Butter 46

C

CD 54
Chemie 105
Christentum 97
Computer 129

D

Dach 53
Darm 28
Daten 130
Datenverarbeitung 130
Delikte 112
Demonstration 108
Denkmal 85
dick 29
diplomatisches Korps 110
Dienstgrade 115
Dirigent 86
Diskette 130
Dom 85
Dorf 62
Dreharbeiten 89
Drehbuch 89
drehen sich (um) 8
drucken 81
Duft 24
Dünger 16
Durst 45

E

Ebene 10
Edelstein 17
Ehe 39
Eheleben 39
Ehepaar 39
ehrgeizig 43
Ei 46
eifersüchtig 44
Eigenschaften (gute/
schlechte) 43
Einfuhr 122
Einkaufen 58
einkaufen 55, 58
einladen 72

einschalten 83
Einschreibung 100
Eis 13
eitel 44
Elefant 20
Elektronik 125
Energie 16
Ente 19
entscheiden 42
Enttäuschung 41
Erde 8, 10
Erdkunde 90
Ergebnis 74
Erholung 78
erkälten, sich 33
erklären 42
Ermittlung 111
Ernährung 45
Ernte 63
Ersatzteil 66
erscheinen 81
erwachsen 37
erzählen 32
Erziehung 99
Esel 19
essen 45
Essig 46
Eßzimmer 54
Europa 94

F

Fabrik 125
Fachhochschule 99
Faden 50
fahren 64
Fahrkarte 67
Fahrrad 64
Fahrt 68
Fahrzeug 65
fallen 32
Fälligkeit 126
Familie 38
Familienname 38
Farbe 30
fassen 32
faul 44
Fax 61
Faxgerät 61

Index

Index

Index

Index